新零售运营手册
实体店逆袭指南

新商业与传统商业共存,
电商与实体店共存,这就是"新零售"。

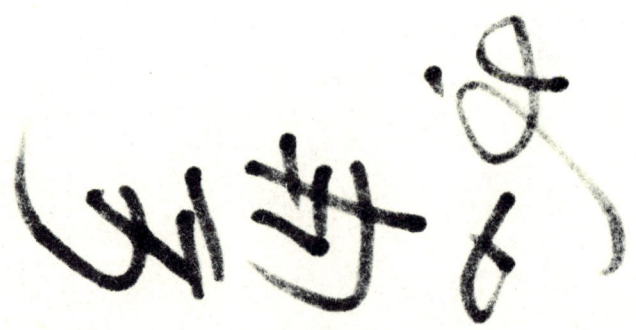

新零售运营手册

实体店逆袭指南

李世化 / 著

中国商业出版社

图书在版编目（CIP）数据

新零售运营手册：实体店逆袭指南 / 李世化著. — 北京：中国商业出版社，2017.8
　ISBN 978-7-5044-9886-1

Ⅰ.①新… Ⅱ.①李… Ⅲ.①零售商店–运营管理–指南 Ⅳ.① F713.32-62

中国版本图书馆 CIP 数据核字 (2017) 第 192921 号

责任编辑：唐伟荣

中国商业出版社出版发行
010-63180647　　www.c-cbook.com
(100053　北京广安门内报国寺1号)
新华书店经销
北京时捷印刷有限公司印刷
*
710×1000 毫米　1/16　17 印张　200 千字
2017 年 11 月第 1 版　2017 年 11 月第 1 次印刷
定价：48.00 元

*　*　*

（如有印装质量问题可更换）

前 言
PREFACE

在网络购物出现之前,"实体店"一词是不存在的,商店就是商店,所有的商店都是实体。"实体店"这个词的出现,表明"商店"这一传统企业正在发生命运的剧变。

随着互联网的快速发展,电商行业迅速崛起,对实体店造成很大的冲击,有的实体店接连遭受亏损则不得不选择转行,有的实体店迫于无奈而关门倒闭。

传统零售业的行业前景似乎迎来了寒冬,失去了生存空间,市场份额被无限挤压而处于紧缩状态……而这,只是一个假象。

电子商务的成本低、效率高、节省时间和空间等优势,相对传统零售来讲,它是先行一步的。但是,当电商们运用打折、促销、满减等各种营销手段使得电商市场充斥着一种"廉价"氛围时,人们又转向了实体店。

经过变革,实体店具有舒适的购物环境、真实便利的消费体验、完善的服务、便捷的支付系统、充足的货物供应、线上线下联动营销等特点,一改过去传统守旧的营销模式,以全新的视角和战略在市场站稳阵脚,这些都在拉动消费者的购物心理和体验。

不仅如此，就连电商也纷纷开展线下业务。国美和苏宁的电商业态与线下实体店融为一体，亚马逊和当当分别开起了实体店，淘宝出现了淘宝体验店，京东将店面开到农村……这些也都预示着实体店已"今非昔比"。

在2016年杭州云栖大会的开幕式上，马云在演讲中说道："纯电商时代很快会结束，未来将没有电子商务这一说，只有新零售。也就是说，线上线下和物流必须结合在一起，才能诞生真正的新零售。"

新零售的大幕已经开启，它会继续发展，而且必将会越来越好。

目录
CONTENTS

第1章　重新洗牌之后，零售回归本质

零售要重新定义了 …………………………………………………… 002

零售店面临大洗牌 …………………………………………………… 006

打造"互联网"下的全渠道零售模式 ………………………………… 012

电商搞垮了实体店，为什么自己又转身开起了实体店 …………… 017

第2章　传统零售已老，新零售来了——新零售的进化路径

实体零售一直在变，但依然无法突破商业困局 …………………… 024

新零售=商品×人^2 ………………………………………………… 029

新零售进化路径 ……………………………………………………… 032

实体店零售进入新零售的必然变化 ………………………………… 040

第3章　拥抱新零售时代，这几种转型模式你要懂

电商模式 ……………………………………………………………… 046

微信模式，微零售店的新王牌 ……………………………………… 050

APP模式，零售店未来的新阵营 …………………………………… 056

O2O模式，触动消费者的心理格局 ………………………………… 059

第4章 体验经济，营造个性化消费环境

- 艺术风格零售店 ………………………………………… 068
- "家"的文化体验 ………………………………………… 072
- 实体店的无现金支付 …………………………………… 079

第5章 服务至上，零售的人文情怀

- 极致的细节服务 ………………………………………… 086
- 附加服务 ………………………………………………… 090
- 隐形服务 ………………………………………………… 093
- 最后一公里服务 ………………………………………… 096
- 社交零售 ………………………………………………… 109
- 92%的成交都通过情感交流达成 …………………… 116

第6章 粉丝！粉丝！线下零售店撬动粉丝经济

- 互联网时代下的零售粉丝经济 ………………………… 122
- 打造产品自身吸引力 …………………………………… 130
- 充分利用社交媒体 ……………………………………… 133
- 吸引粉丝 ………………………………………………… 139
- 维护和发展与粉丝的关系 ……………………………… 147
- 将潜在顾客转化为忠实粉丝 …………………………… 151
- 向粉丝精准推送 ………………………………………… 157

第7章 社群营销

- 圈子零售 ………………………………………………… 164
- 社群经济 ………………………………………………… 166
- 用社群内容吸引客户 …………………………………… 185
- 搭建多种平台，渗透用户 ……………………………… 189

抓住用户，玩转社群……………………………………………… 199
　　会员制………………………………………………………………… 211

第8章　大数据零售

　　大数据时代用户思维更重要………………………………………… 224
　　大数据时代下，"SoLoMo族群"成为新的消费群体 ……………… 229
　　大数据支撑个性化体验……………………………………………… 232
　　大数据驱动传统零售精准营销……………………………………… 236
　　大数据下的特色零售………………………………………………… 238

第9章　线上线下结合，O2O营销是零售的标配

　　零售跨界混搭………………………………………………………… 246
　　与社交软件跨界，玩转移动互联网………………………………… 250
　　开辟线上销售线，跨界双营销……………………………………… 253
　　与时尚跨界，引领年轻零售品牌…………………………………… 256
　　零售与娱乐时尚达人跨界…………………………………………… 258
　　跨界给消费者带来创意体验………………………………………… 260

第 1 章　重新洗牌之后，零售回归本质

对于零售业来说，竞争不再是单纯的实体店和网店的博弈，也不仅仅是采取线上线下联合的模式。零售业的本质是让消费者有更多的渠道接触到优质的产品，它的核心是满足消费者需求。

零售要重新定义了

面对互联网的冲击,传统零售业只有和互联网接轨,与时俱进,共同进步。如马云所说,纯电商时代很快会结束,线上线下和物流必须结合在一起,才能诞生真正的新零售。

那么,到底什么才是新零售呢?对此,可以用下图来诠释新零售的真正含义:

对照上图,我们可以知道新零售是由互联网和实体店结合而成,那么互联网和实体店是如何结合的呢?换句话说,互联网和实体店对新零售的促进作用在哪里?

◎ 互联网为新零售提供了便捷的支付手段

信息革命浪潮迭起,电子商务驰骋商场,移动互联网迅速崛起,给金融、制造、餐饮、通信等行业带来了颠覆性的变革与挑战,对零售来说也是如此。

互联网是冲击，也是机会。两者不应该站在对立面，没必要把对方当作"商业上的敌人"，没有一种商业形式会把传统商业完全代替，往往是新商业与传统商业共存，电商与实体店共存，这就是"新零售"。

互联网不仅改变了人们的工作和生活方式，而且促使人们思想观念发生变化，使得人们的工作效率和生活质量提高，足不出户就可以知道各路信息。总体来说，互联网主要有以下四个作用：

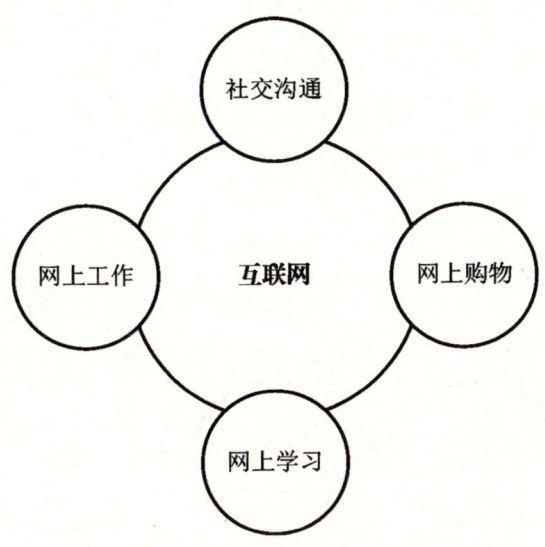

如今，互联网已经渗入人们生活的方方面面，零售行业应该注重互联网技术的革新，在传统业务操作系统的基础上，加入互联网技术，运用新的营销方式，提供新的便捷支付手段，改变传统零售模式，加入新的科技元素。

互联网带来的不仅是信息技术的变化，看待事物的观念也会发生变化。线上线下结合，摒弃原来旧的传统零售观念，促进多领域协同，通过融合协同构建零售新格局。

经过多年探索和实践，互联网带来的电商发展已进入平稳增长期，零售业也开始探索与互联网相结合的商业模式。对于零售业来说，竞争不再是单纯的实体店和网店的博弈，也不仅仅是采取线上线下联合的模式。零售业的本质是让消费者有更多的渠道接触到优质的产品，它的核心是满足消费者需求。

传统零售业往往是自己采购什么就销售什么，而没有充分考虑消费者的需要，以"填鸭式"的方式做营销。新零售则关注消费者需要什么，他们的生活方式是什么，他们的喜好是什么，他们的价值观是什么，他们对服务的评价是什么，用图可表示为：

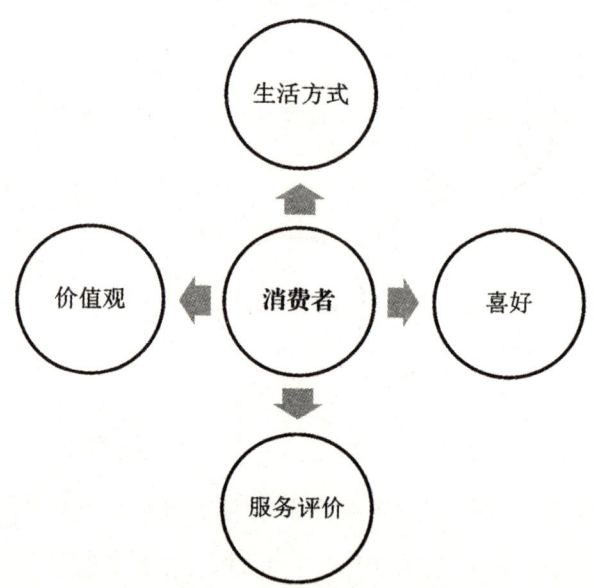

在互联网时代，消费者的地位越来越高，零售商要以消费者为主导，营造新的零售时代。

新零售下，零售商的作用是提供专业的服务、优质的产品给消费者，线上线下只不过是一种销售渠道。以消费者为中心，倾听消费者的意愿和想法，与消费者沟通交流，通过营销工具、社交媒体等各种手段维护与消费者的互动关系，在互动中完成营销推广。

◎ 实体店的"实体体验"为新零售创造了机会

"如果只是为买衣服而买衣服，那就太没意思了。"这大概是90后极具代表性的观点。对于80后、90后、00后消费人群来说，他们需要的是边走边玩，需要满足他们的多元化体验。

在PC时代，一切变革都有可能发生。现在是80后、90后甚至00后的消费时代，这对于零售店来说是一个新机遇。舒适的家庭环境让年轻一代的金钱概念偏弱，他们接受新兴事物能力强，偏好超前消费，他们追求个性，追求特色和快时尚，追求品牌意识，追求新的娱乐方式，追求新式服务与享受，这使得他们的消费习惯和以往有很大不同，这种消费方式的改变恰好是零售店崛起的时机。

整合线下客户消费习惯，提供线上服务，运用好两种渠道，创造出"实用价值"。传统渠道模式下有价值的渠道环节借助于互联网方便、快捷、省时、专业等优势，发挥自己的特点提供别具一格的"实体体验"。

说到这里，就不得不提到体验店。体验店已经不是一个新鲜的名词，最早做体验店的品牌无从查询，但是通过体验店获得成功的品牌却有很多。比如奔驰体验店、LV之家、Apple旗舰店等，这些品牌通过线下实体店的个性体验在众多竞争对手中异军突起。

关于体验店的商业逻辑如下图所示：

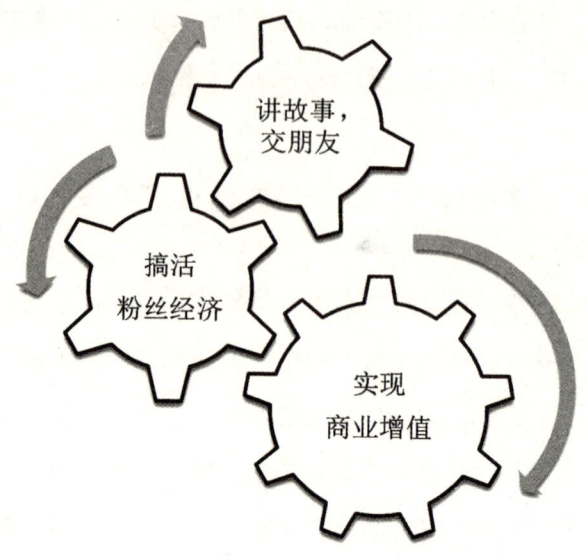

就Apple体验店而言，它不仅有精心的现场指导，还有专业人士的演讲和分享，有实用教学，还有兴趣爱好延展小组相互学习，可根据自己的兴趣参与不同的小组，免费学习，这些都提高了产品的附加值。加之体验店固有的Apple文化氛围，小到桌子位置的摆放，大到店内的装修，全都展现出一种时新的实体体验服务。

加强体验感、个性化，将是未来实体零售行业的一种趋势。

零售店面临大洗牌

移动互联网在中国新的零售格局中占据主导地位，求新求变的消费者已经做好迎接零售业变革的准备。几乎所有的零售业都在尝试转型升级，零售业将面临大洗牌。传统零售企业必须借助于互联网，加强线上线下共同发展。互联网、大数据这些都是实体店转型的创新手段。

对于零售店来说，这是最坏的时代，也是最好的时代。零售店在此阶段的洗牌发展，对其成败尤其重要。

◎ 关店or转行

零售实体店经营状况堪忧，面临着艰巨的挑战。零售实体店主要受以下因素影响：

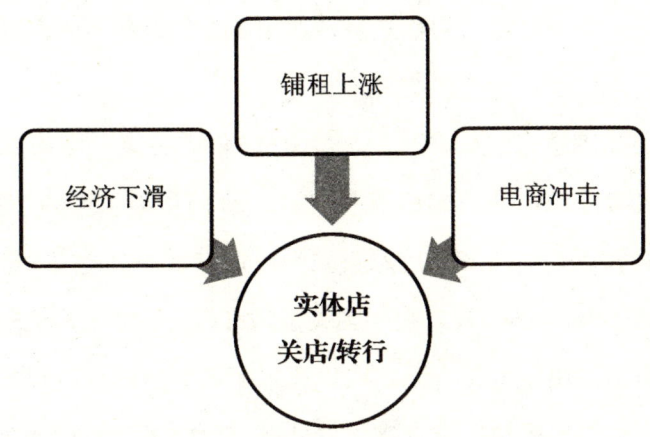

在2015年上半年，国内就有上百家大型零售店关店，这个数字也随着时间的推移在不断增加。中国连锁经营协会发布的中国连锁百强报告统计显示，2015年连锁百强销售规模2.1万亿元人民币，增长仅为4.3%，是历年来最低的一次，百货业态甚至出现了0.7%的下降。到2016年上半年，一、二线城市主要零售企业关店超过八成。

《北京晚报》2016年8月曾以"实体店频倒闭 现状堪忧"为题作过报道，从地铁积水潭站出来，沿着新街口北大街一直往南走，粗略数过去，十家小店中起码有多一半写着"甩卖""清仓"，理由多是"合同到期"，还有两三家已经拉上了卷帘门，完全处于闭店歇业状态。

原来熟悉的卖衣服小店已经换成了一家家卖包子、肉饼的地方。一家服装店从房租更高的沿街店铺退守到胡同内部，为招揽顾客，只好把"全场特价"的红色促销牌挂了一路。

万达百货2015年关店46家，在购物超市中，乐购把在中国经营的135家门店卖给了华润。家乐福2015年在中国关店数量超过15家，陆续关闭了昆山、长春、大连、西安、杭州等城市的店铺。特别是一些服装零售店，由于受到电商打击、房租和各种费用负担的增加，利润下滑，不得不选择关门。

奢侈品品牌也未能幸免，LV于2015年年底关闭了中国广州、哈尔滨、乌鲁木齐三家门店，2016年上半年关闭了中国约20%的门店；香奈儿中国门店数已经由高峰期的22家减半为11家；Prada过去2年在中国关了几十家店；Burberry2015年在中国关了10家店，2016年关了5家。

不难看出，由于房租上涨、人工成本高、店内陈设有限加上互联网冲击等原因，传统零售店正在遭受着摧残，已成了"明日黄花"。在这种情况下，传统零售业应该如何做出选择，该何去何从呢？

◎ 利用互联网进行大洗牌

互联网极大地影响了人们的生产和生活，它甚至可以与17世纪发生在英国的工业革命相提并论，互联网正在成为现代社会真正的基础设施，就像电力和道路一样。它不仅仅是用来提高效率的工具，也是构建未来的生产方式和生活方式的基础设施。互联网思维将成为一切商业思维的起点。互联网的主要作用如下图所示：

在互联网时代，越来越多的消费者需求与市场供应被网络连接起来，这给各行各业带来了巨大的冲击，随之产生了大量的新机会。全新的"以消费者为中心"的思维模式是互联网带给人类的最有价值的部分。对消费者而言，意味着面临更加多元化的选择。

互联网正在影响、改变甚至颠覆各行业，它给各行业注入了新的发展动力，激发出各行业的活力，提高了企业的生产经营管理效率和水平。

在互联网时代，消费者的购物渠道越来越多，不仅可以去实体店购物，而且可以在网上购物。消费者购物大规模地转移到电脑上、手机上、平板上，这些转移其实就是零售企业新的机会。对传统零售企业而言，改变的关键在于如何借助互联网的工具和手段，把线上海量的消费者和线下的实体店资源联系起来，同时借助实体店的面对面服务提升消费者的购物体验。可以从以下两个方面出发：

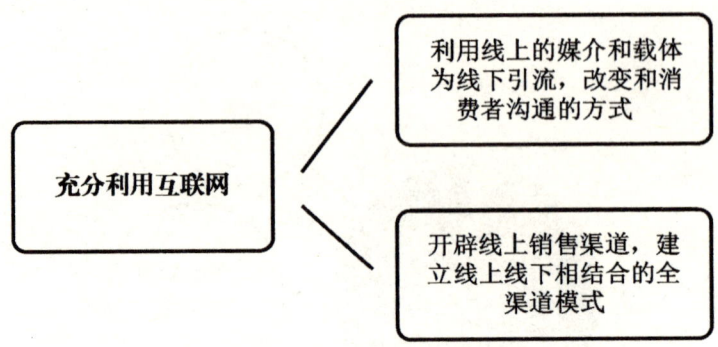

一是利用线上的媒介和载体为线下引流，改变和消费者沟通的方式。如利用社交媒体平台微信、微博等推广自己的产品与服务，同时要注意在社交网络上的口碑和名声。

二是开辟线上销售渠道，建立线上线下相结合的全渠道模式。面对正在蓬勃发展的移动互联网，可以通过网上商城，把线上的消费者和线下的实体店资源联系起来；也可以借助第三方平台进行销售；还可以自建官方手机商城、APP商城等，这些都是与互联网融合进行销售的新渠道。

以优衣库为例。优衣库一直坚信实体店对于消费者而言有着巨大的价值，它利用互联网为线下门店提供服务，帮助线下门店提高销量，并做到推广效果可查、每笔交易可追踪。早在2013年，优衣库就实现了"门店+官网+天猫旗舰店+手机APP"的多渠道布局。

门店 + 官网 + 天猫旗舰店 + 手机APP = 优衣库多渠道布局模式

优衣库的APP支持在线购物、二维码扫描、优惠券发放以及线下店铺查询，其中在线购物功能是通过跳转到手机端的天猫旗舰店来实现的，优惠券发放和线下店铺查询功能主要是为了向线下门店引流，增加用户到店消费的频次。

优衣库已经实现了线上线下的双向融合，优衣库APP上所展示的优惠券、二维码是专门为门店设计的，只能在实体店内才能扫描使用，有利于把消费者从APP直接引流到门店。

优衣库店内商品和优惠券的二维码是专门为自有APP设计的，只能用优衣库的APP才能扫描识别。从而将线下门店里的消费人群吸引到线上，提高了APP下载量和使用率。利用APP的优质功能，这些优衣库APP的使用者又会成为门店更忠实的消费者，从而形成良性循环。

将互联网和零售店的优势结合起来，推动零售业变革发展。传统零售店利用互联网技术可以向以下几个方面发展：

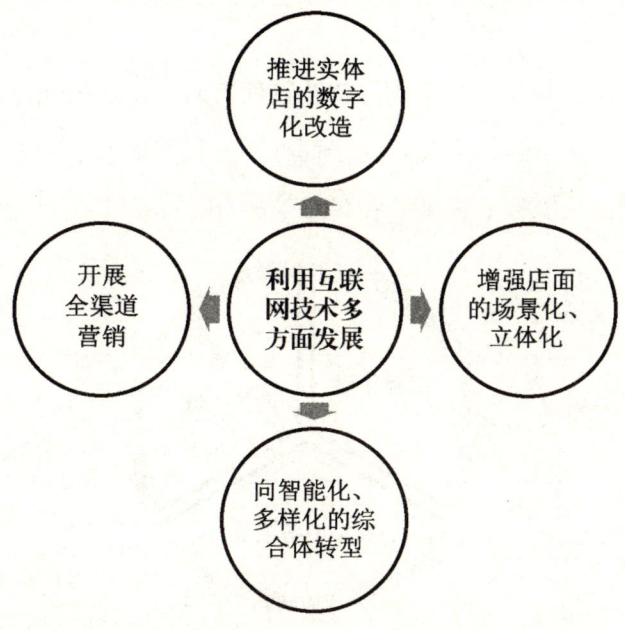

打造"互联网"下的全渠道零售模式

随着互联网的发展,消费者的购物渠道和购物方式越来越多样化,互联网已经成为人们生活中的一部分。互联网在改变人们消费行为的同时,也创造了新的商业模式,越来越多的传统零售企业在保持传统渠道的同时与互联网结合,通过多种渠道向消费者提供产品和服务。

随着零售业的发展,一种结合实体渠道、电子商务渠道、移动电子商务渠道的全渠道零售模式应运而生,可以满足消费者任何时候、任何地点、任何方式的购买需求。

◎ 全渠道零售模式

全渠道零售是企业为了满足消费者任何时候、任何地点、任何方式购买的需求,采取实体渠道、电子商务渠道和移动电子商务渠道整合的方式销售商品或服务,提供给顾客无差别的购物体验。

全渠道零售的成因,是由于信息技术应用于社交网络和移动网络时代,依存在全渠道上工作和生活的群体逐渐形成,导致全渠道购物模式崛起,一种信息传递路径就成为一种零售渠道。

全渠道具有三大特征:全程、全面、全线。一个消费者从接触一个品牌到最后购买的过程中,会有如下五个关键环节:

全程。企业必须在这些关键节点保持与消费者的全过程、零距离接触。

全面。企业可以跟踪和积累消费者的购物全过程的数据,在这个过程中与消费者及时互动,掌握消费者在购买过程中的决策变化,给消费者个性化建议,提升购物体验。

全线。渠道的发展经历了单一渠道时代即单渠道、分散渠道时代即多渠道的发展阶段,到达了渠道全线覆盖阶段。

以实体零售渠道为主的单渠道时代的零售业覆盖范围仅为实体店周边,随着租金、人力等成本的上涨,迎来了多渠道时代。多渠道时代开始于21世纪初,网上商店的崛起让零售渠道开始分散,网络零售渠道颇具竞争力,多渠道的竞争越发激烈,推动我国零售业进入全渠道时代。

全渠道时代的到来,让实体零售业重新审视电子商务渠道和移动商务渠道具备的优势,全渠道零售让全球零售业发生了巨大变革。

2011年,"全渠道零售"一词在美国媒体出现,此后出现率大大增加。这是一个表明营销和零售巨大变革的词汇,美国的梅西百货和中国的银泰网等诸多零售企业由此开始了"全渠道零售"战略的变革。

由于现在人们的大多数生活几乎都依存于互联网和手机等信息媒体

上，同时决定购买时不必看到实物，付款时不必现场交现金，付款后也不必立即自提货物，因此谁拥有与顾客交流的信息接触点，谁就可以向顾客卖东西。

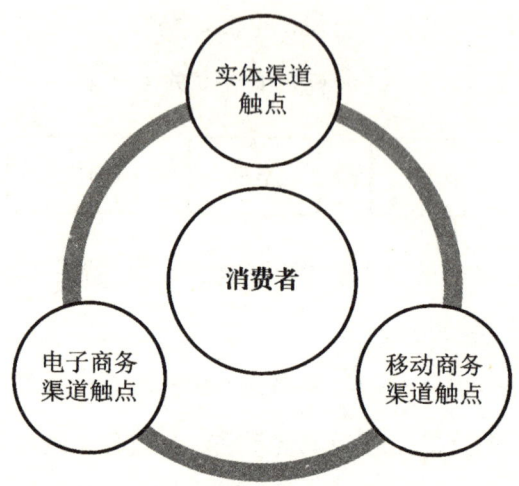

渠道的本质是触点，全渠道就是多触点，核心是消费者。渠道是与消费者接触，全渠道就是多种方式与消费者接触。在买方市场的环境下，实体零售店必须迎合顾客全渠道购物的挑战，一方面赢得顾客，另一方面应对电子商务公司的蚕食。

总之，全渠道零售时代来临，这是无人能阻挡的历史潮流，也是历史发展的必然。

◎ 移动互联网推动全渠道零售模式发展

随着电子商务、移动电商的发展，零售企业之间的竞争越来越激烈。同时，移动电商的发展也推动实体店和互联网的融合，促使双方互补并共同发展。传统零售和电子商务零售是一个渐进的过程，发挥线上购物的便捷性和线下实体店的购物体验，以消费者需求为主导，以信息技术的革新为推动力，构建全渠道零售模式，是现代零售企业发展的关键。

互联网时代，信息的特点是开放、透明、共享，用户可以掌握更多的产品信息。消费者是产品或服务的最终使用者，在选择商品时，消费者一般会查询其他消费者的用后评价，借此来帮助自己做出决策，使信息共享的优势得以体现。

移动互联网时代消费者行为的最大特点是社交化、移动化、个性化，互联网更是要发挥其社交渠道和媒介作用，把商圈中成千上万的消费者的个性化想法通过社交平台表现出来，产品的设计、品牌的推广都要以消费者的需求为中心，选择合适的渠道与消费者进行沟通交流。

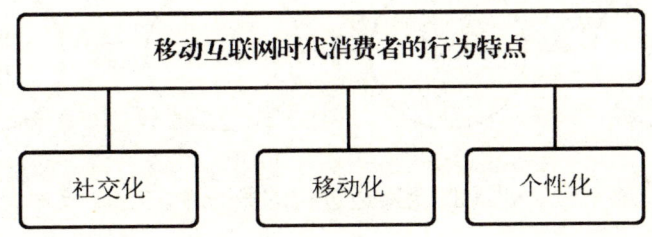

移动互联网时代的消费者对产品不仅仅是满足于功能需求，他们更看重的是产品带来的体验感。因此在产品的设计研发中要广泛征求消费者的意见，特别是年轻消费群体，关注他们对产品的要求，并把这种要求体现在产品设计中。这就需要将企业线上线下结合起来，走全渠道模式。

面对电商的兴起，以及自身业务的下滑，人人乐这一深圳本土传统零售商积极拥抱互联网，推出全渠道营销的新模式，从而谋求转型升级，以达到更好的创新发展。面对社会和经济转型，人人乐重新把"狼性文化"融入企业，拟通过3年努力实现由传统零售商向全渠道零售商的全面转型。人人乐连锁商业集团股份有限公司董事长何金明表示，传统零售商在立足线下销售的同时，必须借助移动互联网的力量，创造出新的商业和营业模式。

关于实体零售商的全渠道转型，天虹商场也是一个成功的典型案例。它是国内最早试水全渠道的实体零售商之一，而且在转型过程中不断探索，最终找到了一条适合自己的全渠道之路。天虹自2012年年底开始移动电商的探索，经过3年的发展，在2015年终于摸索出新的移动O2O商业模式。

天虹建设移动端渠道，开展全渠道经营。从2013年下半年开始，天虹实施全渠道战略，初步形成了"网上天虹+天虹微品+天虹微信+虹领巾"的"实体店+PC端+移动端"的立体电商模式，可用下图表示：

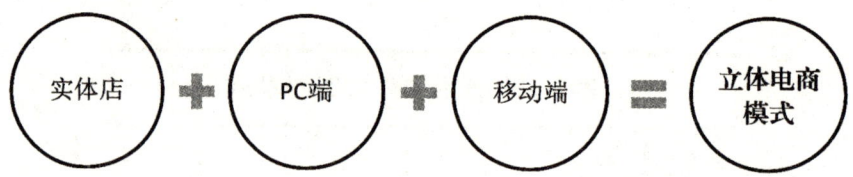

接入微信平台，是天虹全渠道进化的第一个关键环节。天虹商场联手腾讯微信打造了天虹应用平台，此平台通过腾讯微生活，实现个性化信息订阅、会员系统无缝对接、一对一互动等。

天虹的微信服务号现有320多万粉丝，天虹利用微信服务号的优势在自媒体平台投放广告，节省了巨额广告费用。同时，通过微信自媒体还可以把优惠券发送给每个顾客，进而转化为消费。天虹旗下每个店铺都可以把自己精选的爆款商品在后台通过简单的方式上传至前台，顾客购买后可以直接去实体店提货，达到为实体店引流的目的。另外，同一爆款线上线下同时售卖，加大了成交量，这也成为了天虹门店新的销售渠道。

在天虹的超市里，每一个商品下都有相应的二维码，你也会看到这里有许多虚拟货架，空的墙壁上放置着商品的二维码。虚拟货架的设置加大了超市的销售品种，顾客可以直接扫码进入公众号购买，扫码后可以获取该商品的基础信息，比如它来自哪里、有什么功能、价格多少等。商品的卖点都能通过此种电商化的方式呈现出来，以方便顾客进行选购。

在移动互联网时代，实体零售业必须通过转型升级从而实现全渠道经营，全渠道零售模式可能成为未来我国零售业最具竞争力的发展模式。

全渠道零售模式无论对消费者还是企业本身，都具有很大价值，不仅为消费者提供便捷的购物体验和服务，而且有利于提高企业竞争力、促进企业发展。

电商搞垮了实体店，为什么自己又转身开起了实体店

2015年11月，美国亚马逊在西雅图开了一家实体书店。不到一个月，中国当当高调宣布未来要开1000家书店，并且第一家店12月份就会在长沙开业。亚马逊和当当的做法让我们大跌眼镜。亚马逊和当当最初就是搞垮了那些实体店赢得了市场，最终做大做强了自己，为何自己又转身开起了实体店？

◎ 电商争开实体店

当传统实体店被电商逼得频频关闭之际，很多人唱衰实体经济，认为实体店会在电商冲击下一蹶不振。但电商却又反向操作，纷纷在线下开设实体店，而且反响越来越好。

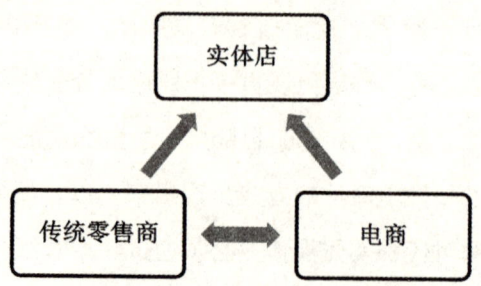

2015年11月,电商巨头亚马逊的第一家实体书店Amazon Books在美国西雅图落地。这家网络书店的开山鼻祖,在经过与实体书店的20年竞争后,突然反过来要开实体书店。Amazon Books看上去和Shopping Mall里常见的实体书店并无太大区别,店中展示的大多都是亚马逊官网最受欢迎的书籍,而且为消费者提供与线上销售同等优惠的价格。另外,还有Kindle、亚马逊平板电脑设备供消费者体验使用。

距离亚马逊开实体店不到一个月,当当网也高调宣布未来3年将开1000家实体书店,涵盖MALL店、超市书店、县城书店等多个类型,实行线上线下同价。

不只是亚马逊和当当,还有很多电商企业低调地开展了线下业务。在2014年年底的时候,淘宝就在广州开了首家淘宝体验厅,淘宝会员在体验厅可享受到以下服务:

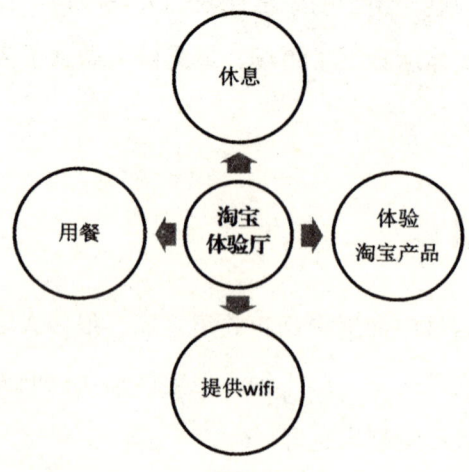

2015年阿里巴巴搭线苏宁,并且在"双十一"狠狠地将了京东一军。非但如此,阿里巴巴还全线渠道下沉,让淘宝在农村发展得如火如荼。

京东不甘落后,在山西太原正式投入运营全国首家综合服务中心。除此之外,京东首个智能娱乐体验馆"JDSPACE"已正式营业,而且搭线永辉超市,也去农村开店,不仅有实体店,还开奶茶店。

膜法世家在现有实体店的基础上增开多家实体店;茵曼布局线下零售网络,5年内开万家实体店,通过粉丝沟通与营销的方式打造新的O2O商业模式;御泥坊、阿芙精油等电商品牌也在不断加速线下开店的脚步……

◎ 电商为何选择在线下开店

电商如此密集布局实体店,肯定不是心血来潮,而是经过精细的市场调研和缜密的思考而采取的战略。那么,电商为什么在对实体店造成打击之后,自己转头又在线下开起了实体店?主要原因有以下三个:

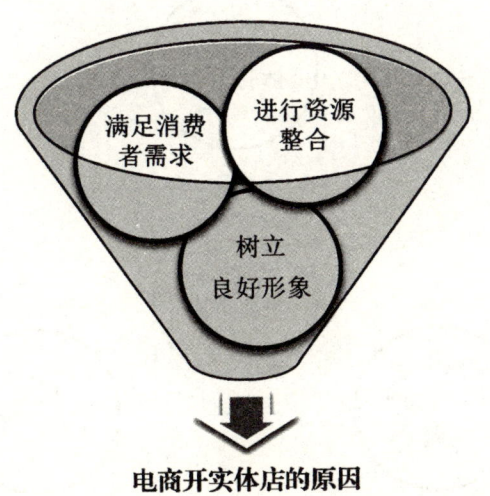

电商开实体店的原因

（1）满足消费者需求是关键原因。电商经过几年的快速发展，市场越来越成熟，线上顾客增加遇到瓶颈，线上越来越多的同质化产品导致竞争不断加剧，在线下开店可以增强顾客体验，提高转化率，是一种为线上引流的好方法。

（2）进行资源整合。网购虽然在生活中很频繁，但是网购却不能满足生活的全部需求，这些"不足"就由线下来弥补，把线上线下资源整合，线上线下携同发展，有利于电商和实体店双赢。

（3）树立良好形象。开设线下实体店来树立良好形象是不少电商的初衷，同时也可以弥补电商先天的短板：网络购物无法给用户带来更好的产品体验、网络购物产品真假难辨，以及"最后一公里"的问题。

而且，当传统的零售商也开始运用互联网之后，电商不仅没有了优势，反而会因为线下体验的短板，遭受竞争的压力。因此，布局线下，成为电商未来发展的重要一环。电商主要的战略手段有以下三个：

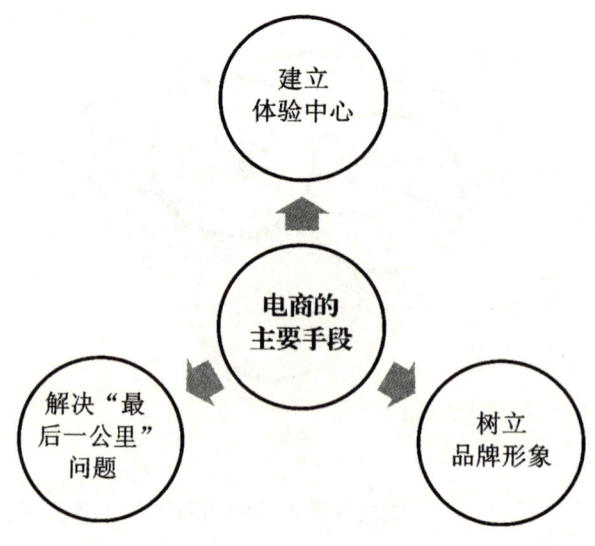

电商开的线下实体店也不是传统意义上的实体店，它更像一个文化体验综合体。就亚马逊而言，实体书店为亚马逊网络商店"Amazon.com"的延伸，店里包含咖啡、文创、亲子、社交、讲座、布展等衍生服务，店内阅读，网上下单，快递到家……在这里，消费者能得到除阅读和购书之外更多的体验。

此外，店里所陈列、销售的书籍，乍一看或许跟一般传统书店差异不大，但仔细一看就会发现每本书下方都有一张评价卡，卡上标明网络书店的读者评价与分数，供顾客参考选择最适合的书籍。

价格方面，实体店面与网络商店的书籍价格相同，它所陈列的书籍是依据网络书店顾客评价、预购与销售量、亚马逊旗下社交阅读网站Goodreads的热门指数以及管理人员评估而决定。

另外，亚马逊实体书店中也展示自家各项电子设备产品，包括电子书阅读器Kindle、智能语音助理Amazon Echo、串流媒体机顶盒Fire TV、平板电脑Fire Tablet，让顾客体验、操作实机，现场还有专员提供咨询与解说服务。这对于缺乏硬件设备展示店面的亚马逊来说，通过实体书店拉近与消费者间的距离，让消费者更了解亚马逊产品、提高品牌认同感，能为亚马逊带来新的机遇。

互联网电商发展至今，已经过了懵懂期正走向成熟。它找了一万个理由干掉了实体店，现在却反过头来开设实体店，而且反响越来越好，真可谓"败也实体，成也实体"！

第 2 章　传统零售已老，新零售来了——新零售的进化路径

　　传统零售不断遭受互联网电商的冲击，纯电商的时代也不会成为现实，传统零售的模式终将被打破，新零售将会引领未来全新的商业模式，零售业的发展进化势在必行。

实体零售一直在变,但依然无法突破商业困局

实体零售近几年一直在摸索、学习,也做过很多尝试与实践,进行转型、提高技术含量、提高售后服务、引进电商模式,但是仍没有真正突破商业困局,原因是什么?是哪里出了问题?是哪一步没有做对?

◎ **百货业的疑惑**:传统百货大多已经购物中心化,为何还是转型不成功?

对很多人来说,一提到百货商场,大多是商品玲琅满目、商场门庭若市的记忆。然而,近几年曾经红火的百货商场变得冷冷清清,甚至一个接一个关门闭店。面对这种局面,一些商家做出不同的选择:

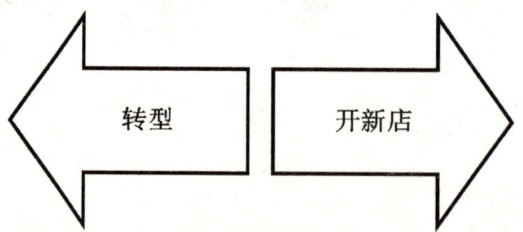

像万达,近几年一直热衷于开发城市综合体,不断加强餐饮、娱乐等产业的比重;一直以传统百货出名的银座也是以集合游购娱于一体的购物中心形式布局,业态和经营路线与以往大不相同;还有陆续新开的万象城、凯德广场等,也都走的是购物中心路线。

但是经调查发现，周一到周五工作日各大商场人气都不高，周末消费人群普涨，而且消费内容多集中于餐饮、娱乐，购物已经不再是人们去商场的主要原因。转型购物中心这一举动显然能为消费者带来更好的体验和服务，无形中增加了顾客消费黏性，但是如果大家都走同样的路线，无疑会加剧同质化竞争，没有差异性的最终结果还是会有商场关门停业。

面对当下消费者注重社交和体验的新常态，传统百货商场转型购物中心固然能够重新吸引顾客群。但是过度同质化等问题的存在，难以形成长期的、稳定的竞争力，百货业不禁疑惑：

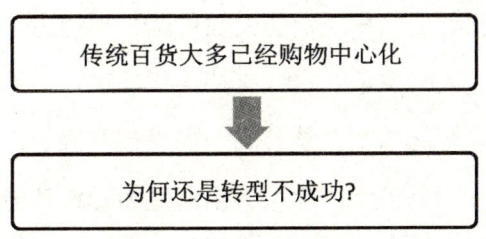

◎ 品牌商的疑惑：线上线下销售融合为什么不成功？

除了百货业，一些知名品牌近年也免不了遭受关店的厄运，关店潮似乎愈演愈烈。

美特斯邦威，曾是中国本土零售逆袭代表，靠歌星周杰伦代言模式崛起。但遭遇全球快时尚品牌的全面入侵后，仿效ZARA，视野狭窄、模式老套及品牌自身遇到瓶颈，加之转型缓慢、不抓消费者痛点，新推的品牌影响力提升太慢。企业利润持续下滑，巨亏超4亿元，三年内关店1600家，创始人周成建已辞职。

波司登曾连续19年在羽绒服市场占有率第一，但是羽绒服业务下

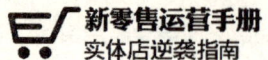

滑,男女装业务拓展缓慢,低成本和纯资源投入获得暴利的时代一去不复返。品牌在凋零,渠道在萎缩,在转型的路上,波司登走得举步维艰,2015年关店超5000家,2016年关店近600家。

百丽作为中国鞋业的巨头老大,多元化的品牌及影响力更是让资本认可。但是在互联网日益改变人们生活方式和行为模式的大环境下,百丽应变速度慢,没有及时搭上互联网快车,受零售艰难大环境以及线上竞争影响较大。2015年关了400多家店,2016年关了近500家门店。在2011年开店最为"疯狂"的日子里,百丽国际平均每天都会新开2~3家店铺,如今形势已然反转。

一直有"大众鞋王"称号的达芙妮也是亏损连连,虽然达芙妮集团建立了一套从公司战略决策、资金支持、管理运营到激励机制的整体策略,助力达芙妮"智能O2O系统"的全面发展升级,但是2016年全年净亏损仍高达7.9亿~8.4亿港元。除了其创新能力、设计能力弱,无法跟上如今主流消费群体更新换代的速度以外,网购海淘和欧美快销时装品牌的兴起,让消费者有更多的选择空间也是导致达芙妮亏损的原因。2015年,达芙妮一共关了805家店,2016年关了超500家店,同店平均销售增长率下降11.7%。

知名品牌商都在不同程度地关店,利郎、佐丹奴、安踏、九牧王、七匹狼等也难逃厄运,在2015、2016年都关店上千家。品牌商不禁疑惑:

> 大多知名品牌商线上销量越大,线下关店越多

> 为何线上线下融合不成功?

◎ 大卖场的疑惑：门店仓是优势还是劣势？

大卖场关店潮仍在继续，据联商网的统计数据，从2015年出现部分上市零售企业营收增幅负增长，到2016年上半年前10强有5家企业营收增幅负增长。大卖场不仅仅是衰退问题，甚至有业态被取代的隐患。

沃尔玛曾经有著名的"5公里死亡圈"的理论，即有沃尔玛门店存在的方圆5公里内，其他零售业卖场都没有生存空间。但这个"神话"，正在被其"关关不息"的现状打破。最近几年，沃尔玛每年都有门店关闭。

2012年，沃尔玛中国区关闭5家门店；2013年，关了15家；2014年，关了16家；2015年，关了1家；2016年，关了13家……早在2016年年初，沃尔玛就对外宣布将在全球关闭269家店铺，其中海外市场115家，1.6万名沃尔玛员工将受影响。

2017年沃尔玛的关店潮仍在继续，仅3月2日一天就有多家沃尔玛门店停业，分别是长沙高桥店、北京望京店、广州天利店。在2017年上半年，沃尔玛在中国就关闭了6家门店。

大卖场免不了疑惑：

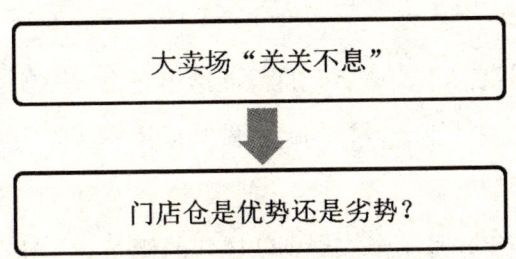

◎ 大型连锁便利店的疑惑：有什么办法能大幅提高运营效率？

在2016年的中国便利店大会上，中国连锁经营协会秘书长裴亮给出一份数据，便利店业态销售额较上年增幅15.2%，远高于超市业态的4.1%和百货业态的–0.8%。他还表达了对便利店发展前景的乐观态度，认为便利店存在巨大的发展潜力和空间。

的确，主打便民消费的便利店着实受到很多青睐，在零售店面临关门潮之际，它却仍在发展。不可否认的是，它的未来会越来越好，但是便利店难赚钱也是事实。

有些便利店在盈利，但是这个盈利很困难。面对高昂的房租和不断上涨的人力成本，便利店对人员使用效率和空间利用效率都提出了更高的要求。另外，便利店扎堆开业，门店客流量被分散，对各店利润也会造成分摊。可想而知，便利店的钱并不好赚。

大型连锁便利店表达出它的疑惑：

按照目前的运营效率，基本难以抵抗高昂的房租和不断上涨的人力成本

还有什么办法能大幅提高运营效率？

面对那么多疑惑，实体店一直没能给出答案。为什么零售业一直无法真正走出这些商业困境？该如何去做？以用户体验为中心的新零售模式会给出正确的解答。

马云在2016年10月第一次提到新零售的概念，"纯电商的时代很快

就会结束,未来的十年、二十年将没有电子商务,取而代之的是'新零售'。线上线下和物流结合在一起,才会产生新零售"。业内通常对"新零售"的理解,就是线上线下一体化。

实际上,马云提出的新零售概念,仍旧站在阿里的语境中,更多的是希望结合线下、物流等资源,将其原有的电子商务玩法升级。但这并非对任何行业都适用。

新零售企业经营模式如下图所示:

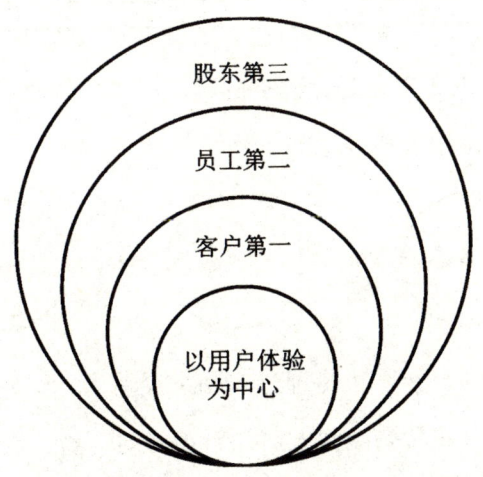

总而言之,新零售是以用户体验为中心,更注重服务他人,视角更关注未来和长期收益。新零售来了,所有零售领域也面临着经营模式重塑,这是大时代的特征——在竞争中成长或者被淘汰。

新零售=商品×人^2

新零售以用户体验为中心,经营模式的核心是人。正如业界专家云阳子所总结的:"新零售的发展方向,就是以用户体验为中心的经营模式重塑,方法论就是通过商品经营人。"前阿里巴巴总裁卫哲也曾谈到,互联网时代的经济公式应该是这样的:

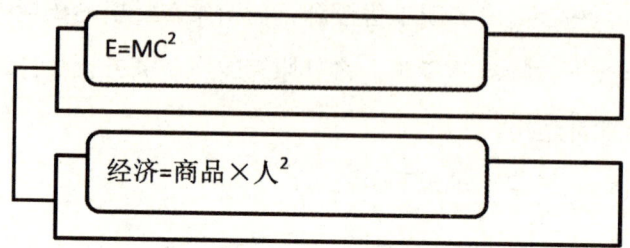

其中的C(人)的二次方是让商业的"原子弹"爆炸的关键。

新零售方法论用公式表达如下:

用文字表达为:新零售是通过商品来经营人,经营人是新零售运营模式的核心。通过商品来经营人,是新零售的精髓,也是整体方法论。

与传统门店"通过人去经营商品"不同,"通过商品来经营人"的关键是围绕"人"去建立消费连接,这里的"经营人",主要是顾客与内部员工,兼顾上下游的各类商业伙伴。

作为新零售门店的典型案例,百强连锁娇傲化妆品店坚持以人为本,从顾客需求出发,根据不同年龄层的女性顾客,制定不同的主推活动。比如,年轻的学生普遍消费力偏低,且以群体活动为主,适合主推拼团活动;而对于空闲时间较多的家庭主妇,利用卡券等工具,既能满足顾客低价拼购的心理需求,还能让顾客主动分享来帮助门店带入新客流。

新零售门店需要通过不同的场景,匹配不同的人群,不是一味地依赖高频促销活动盲目吸引顾客。

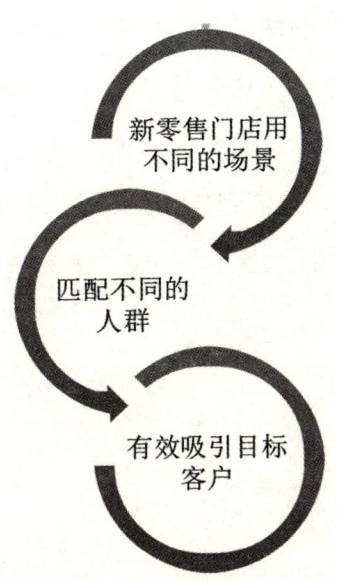

在活动方面，百强连锁娇傲化妆品店推行过两个活动：一个是"微信支付鼓励金活动"，从传统的"立减"升级为"红包"玩法，红包活动让门店与顾客连接的频率增多，使得顾客重复进店率明显提升。另一个是有礼派"花Young美妆计划"，通过引进《爱宠大机密》电影资源，进行整店主题包装，呆萌的主题形象以及丰富的电影资源，很好地满足了年轻女性的消费习惯和性格偏好，激活了她们潜在的购物欲望。

同时，娇傲化妆品店利用买单环节去连接顾客的三个关键点：

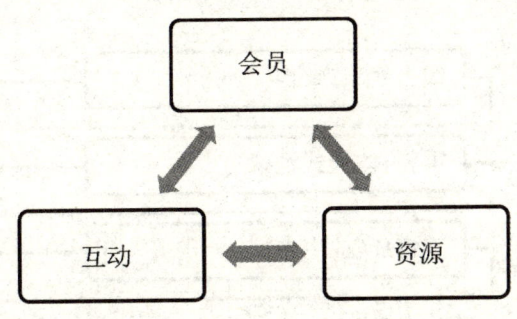

通过简单的互联网升级，将原有免费送面膜的玩法调整为1元购送随机红包，低投入、高趣味的玩法让顾客在买单后保留了与门店的连接关系，这种线上线下一体化的连接方式，降低了门店与顾客连接的成本。

从O2O、互联网+、电商到新零售时代，互联网改变的不仅仅是经营方式，还改变了经营的"态度"，线上线下融合是新零售的一个必然趋势。

新零售进化路径

新零售的最大趋势是线上线下相结合，而以往电子商务冲击传统产业的说法也将被否定。电商与线下实体商业，应该由原先的独立、冲突，走向混合、融合，通过精准化、体验为主的模式，去了解消费者，满足并引导消费需求，达到消费升级。

对零售商而言，也能通过预测消费数据，把控生产，达到零售升级。新零售的发展方向，就是以用户体验为中心的经营模式重塑，方法就是通过商品经营人。进化的路径有以下三条：

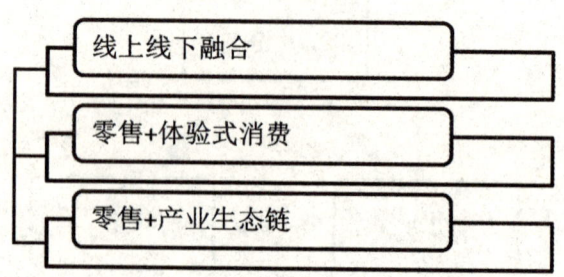

◎ 新零售进化路径一：线上线下融合

联商新零售顾问团秘书长云阳子认为："O2O，就是线上线下融合。一个O代表线下，一个O代表线上，中间的'2'代表两个意思——链接和融合。"O2O线上线下融合，不仅是实体零售的迫切需求，也是电商企业的强需，最关键的是中间的"2"——链接与融合。

链接代表移动技术，包括移动终端和APP。移动技术的进步推动企业经营的进化升级，甚至经营模式的变革。融合代表企业经营，是一种经营思维，也是具体的经营管理。建设无缝渠道，实现链接与融合。

因网络电商的崛起，传统零售业正经历一轮前所未有的格局之变。如今消费者的消费习惯发生了巨大的变化，他们习惯于在网上搜集产品信息，通过网络进行比价，习惯于通过网络进行支付。他们使用移动互联网，出入门店网络平台，并且通过微博、微信等社交网络交流信息。对于拥有多个移动设备的年轻一代，线上线下已经没有边界。

要想吸引消费者，传统零售商必须经历数字转型，积极开展线上业务，向消费者提供全渠道服务。改变业务经营模式，全面运营所有可能的分销平台，即所谓的超链接，所有的流程也都需要被无缝整合在企业，实现线上线下的全面融合。

如果线上线下资源可以共享，电商与实体店之间的关系将不是零和博弈而是共同发展。在上海推进的国企混改中，百联集团被视为改革龙

头和标杆。它提出混合所有制改革，引入战略投资，提高质量，拓展业务。在业务转型的路径上，百联集团对互联网表现出开放态度，把互联网作为百联产业发展的核心技术，上线百联全渠道电商平台，开启全渠道零售的彻底转型。

此外，零售业巨头大润发和欧尚合作打包上市公司高鑫零售，高鑫零售目前旗下有大润发超市、飞牛网以及欧尚品牌店。截至去年年底，大润发在中国全年新开门店31家，门店总数达到365家。大润发一直在筹备O2O，除了投建飞牛网开发电商业务，还推出"千乡万馆"计划，分别制定了以个人为主的"合伙人计划"和以便利店业态为主的"分销商计划"。

O2O已成为热点，大润发、银泰、家乐福、沃尔玛、农工商等都自行投资开发了电商业务板块。

在阿里巴巴创始人马云提出新零售概念之前，阿里已经开始了各种对线下实体零售的布局。早在2015年，阿里巴巴就斥资约283亿元投资苏宁云商，成为其第二大股东；在此之前的2014年，阿里布局银泰商业，成为其第一大股东。之后阿里系又通过各种直接或间接的方式投资了三江购物、联华超市、易果生鲜等。

除了阿里以外，京东也在快马加鞭地布局，以43.1亿元认购永辉超市10%的股权；去年6月，沃尔玛和京东共同宣布，沃尔玛将战略入股京东，京东将拥有1号商城的主要资产，包括"1号店"的品牌、网站和APP等。

O2O线上线下融合，无论是电商还是零售商，都是其迈向新零售的必经之路。

◎ 新零售进化路径二：零售+体验式消费

随着经济的快速发展，如今的消费行为不再是单纯的Shopping，而是呈现出对于休闲、运动、就餐、培训等多方位的需求。消费者的生活方式变了，越来越多重视购物时精神层面的满足感，服务消费比例越来越高，这给受电商冲击、销量下跌的商场带来了生机。在此背景下，"零售+体验式消费"的发展必将成为一种趋势。

所谓体验式消费，是区别于传统以零售为主的业态组合形式，它的注重点主要在以下四个方面：

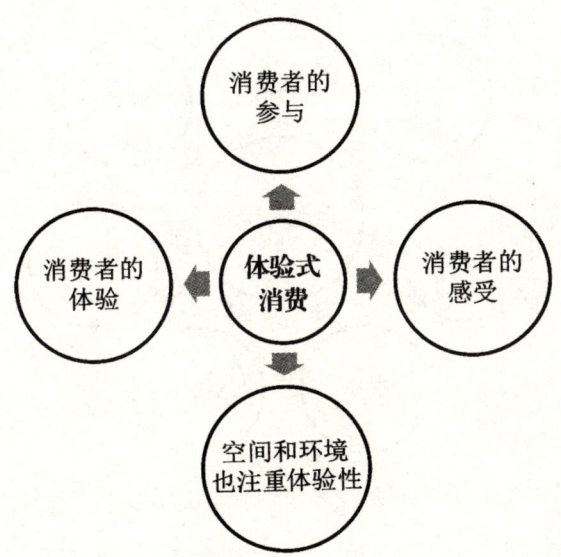

体验式消费主要是人体感官的参与：视觉、听觉、触觉、味觉，再加上社交媒体及移动互联网的体验就更加充盈。

体验式消费，最常见的是以休闲娱乐为主、购物为辅的城市购物中心，一般坐落于城市的次中心、大型生活居住区或者旅游区附近。它强调从生活情境出发，塑造人们的感官体验和心理认同感，通过环境、建筑以及城市风格融合而成的别致的休闲消费场所去激发消费者的消费意识和消费行为。

和传统购物中心相比，体验式消费更加注重环境和建筑设计，包括合理的空间布局、特色的风格、优雅的环境等，追求与消费者的生活需求、生活品位以及消费习惯相匹配。

作为红星商业倾力打造的中高端购物中心品牌"北京爱琴海"，位于朝阳区太阳宫核心区域，定位于高端时尚都市型购物中心，它汇集了以下七大功能：

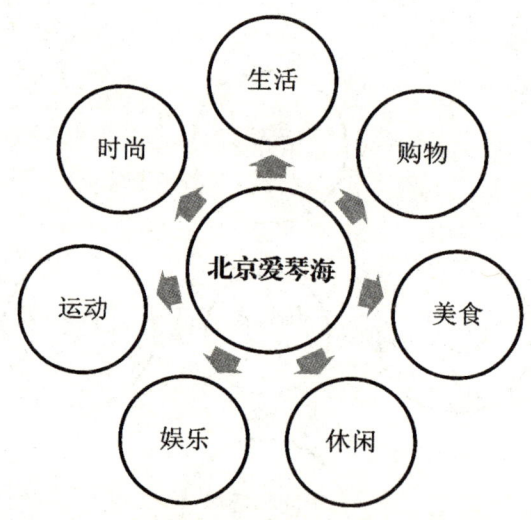

北京爱琴海汇聚了200多个优秀品牌，2万多平方米的餐饮面积，60多家精品餐饮品牌，可容纳1500人观影的红星太平电影城，京城首家屋顶高尔夫"云尚部落高尔夫会所"，以及规模庞大的儿童体验区等。

北京爱琴海购物中心将生活、精致、风尚、活力、娱乐汇聚在一起，独特的体验式服务不仅为周边居民带来了一道靓丽风景，更展现了地中海的浪漫风情，成为京城购物的新地标。

传统百货业也在转型体验式消费,如北京公主坟翠微百货的地下超市,现已全新改装为翠微食品馆,有花市、海鲜市集、农蔬果园,还可现场制作各类小吃等。

跟传统超市不同,新超市货架很少,顾客像逛街一样路过各个货档,这里几乎所有的商品都能现场品尝,在海鲜市集还有长桌和高脚凳,顾客能在现场让工作人员帮忙加工,吃完再回家。

此外,超市里还有一间名为"生活&厨艺"的体验厨房,每周都会有大厨教商场会员制作各种特色美食。从单一卖商品到"商品+服务",翠微百货给顾客带来了更好的购物体验。

作为以体验取胜的星巴克,可谓把体验式消费发挥到了极致。在星巴克的各个门店,几乎任何时候都有客人,而且客人很多,座位有时候都很难找到。原因何在?体验!星巴克卖的是咖啡吗?星巴克卖的不是咖啡,它卖的主要是以下四种"商品":

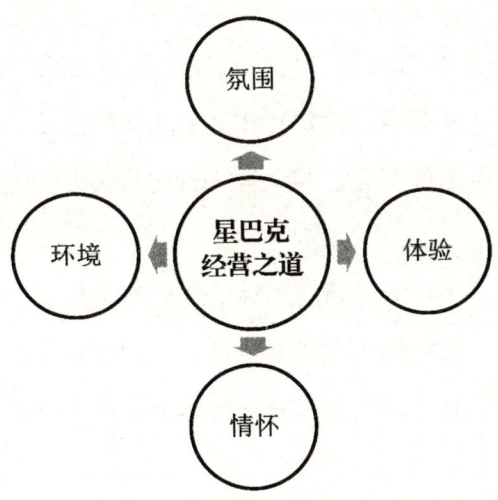

当人们越来越在意消费环境的时候,咖啡本身已经不重要了,重要的是体验。

除此之外，还可以在现实场景中制造虚拟场景，让体验变得更丰富。如中国零售业博览会推出的Hi-shop未来体验，用户可以到VR体验区玩虚拟游戏，还能DIY机器人，体验当机械师的感觉。这种体验式的服务很受消费者喜爱。

零售+体验式消费，即以用户体验为中心的新零售模式会越来越受欢迎。阿尔文·托夫勒说，未来经济将是一种体验经济，未来的生产者将是制造体验的人，体验制造商将成为经济的基本支柱之一。可见，体验式的新零售很适合未来的发展。

◎ 新零售进化路径三：零售+产业生态链

零售+产业生态链，关注的不仅是消费者、内部员工，应该关注的还有上下游的商业合作者，只有以人为中心，协同合作、共建产业生态圈才能共赢。

在过去，消费者和商家之间是一种松散的关系，消费者从商家那里完成一次消费，就意味着消费者和商家关系的结束。其实，商家将产品、服务成功推销给消费者，并不意味着交易关系的结束，它只是下一次交易的开始。

对商家而言，不断吸引新的顾客消费固然重要，但是如何留住那些已经消费的顾客，和他们建立长期关系，让他们持续来消费也很重要。消费者在消费的同时，商家有必要借助各种渠道和平台来与消费者建立一种长期的合作关系。

供应厂商能个性化定制并快速提供商品，制造者根据消费者提出的要求设计产品，使得企业通过互联网和市场紧密衔接，和消费者灵活沟通。

第2章 传统零售已老,新零售来了——新零售的进化路径

七匹狼携手苏宁易购发布狼图腾极致衬衫,进一步做大定制服装市场;京东正式上线服装定制频道"京·制",并根据不同消费者的需求拆解为"服装定制"和"个性定制"两大私人业务,主要面向国内中高端的小众市场。苏宁易购和京东与上游厂商的C2B中介关系已十分密切,可以说已初具新零售的雏形。

对实体零售业而言,互联网的透明化颠覆了商家和消费者的关系,消费者拥有至高无上的选择权,这就决定了商家必须要做到以下四点:

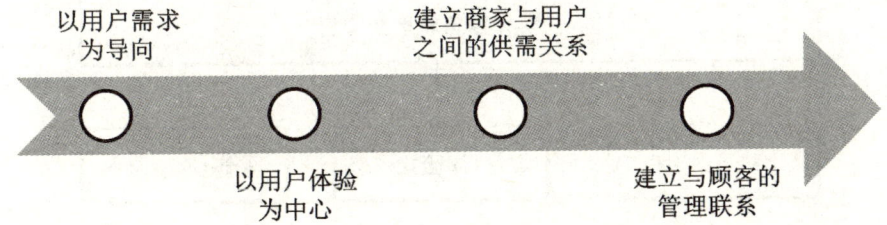

除去消费者与商家的关系,扶持上下游的商家合作者更是尤为重要。阿里巴巴为了鼓励人们加入互联网创业,推出了很多针对于中小卖家的扶持计划。特别是在无线端,推出卖家关系协作平台,实现店铺之间会员、营销、商品等多种资源共享;除此之外,淘宝对个体商家的免费活动报名政策和代发的分销系统,使得淘宝部分个体户一直存活得很好。

阿里巴巴的这些扶持下游商家的政策,很好地拉动了搜索流量,使得淘宝成为"万能的淘宝",成为"什么东西都能找得到的购物搜索平台"。

购物中心、百货商场等连锁超市本身作为一个综合零售平台应该为商家提供各类增值服务。运用平台运营思维做"零售+产业生态链"是实体零售变革的必经之路。

实体店零售进入新零售的必然变化

实体零售转型新零售,首先是形式的转变。主要有三种形式:线上线下融合O2O、零售+体验式消费、零售+增值服务。

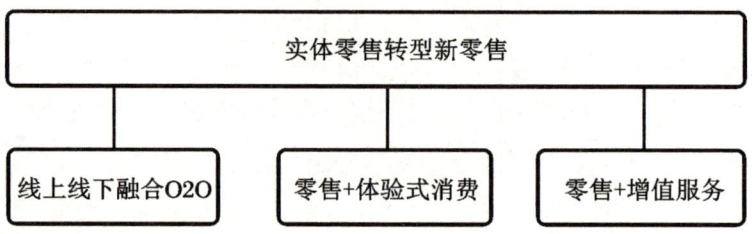

再者是内涵的转变,主要包括以下三点:

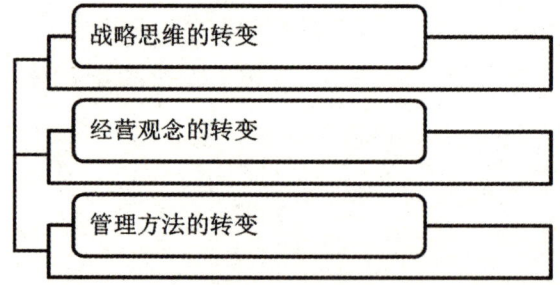

◎ 战略思维的转变

新零售使得实体店不得不重新审视与供应商的关系。在新零售的环境下,实体店的经营者应该调整战略思维,摒弃长期的"二房东"为主流的招商思维,重新审视与供应商的合作关系,树立与供应商"共生、共创、共赢"的平等合作伙伴关系。将供应商的品牌和商品视为实体店自身的品牌和商品，即树立以经营为中心的"自营"思维，参与供应商的商品管理、促销管理、库存管理等，共同为顾客提供服务。通过顾客服务的增值来形成供应链上的"利益共同体"，在销售增长的情况下实现合作伙伴之间的利益分成，才能共同推进零售生态圈的建立。

◎ 经营观念的转变

新零售是以用户体验为中心的经营模式。计划经济时期遗留下的商品经济，现在仍在影响着实体店经营者的思想，虽然以消费者为中心的观念在20多年前就已提及，但实体店很少去思考消费者的需求。在新零售市场环境下，必须转变思想，树立以顾客为中心的观念，把握顾客的消费体验和本质需求。

新零售需要打破以往以自我为中心的经营模式，建立以消费者为中心的场景式、情景化的消费模式。真正建立以消费者为中心的定位，站在消费者的角度，感知更高层次的消费需求的特点。

品牌商与零售商以消费者为中心，利用数字技术随时捕捉全域信息，感知消费需求，完成供需评估与即时互动，激发消费者潜在的消费需求，提供给消费者全渠道、全天候、无缝融合的消费体验及服务。

新零售市场环境下，各种新型零售业态出现，消费者的消费需求和消费行为发生了翻天覆地的变化，经营者要及时抓住消费者的变化趋势并不断做出调整。

如上海大悦城的楼顶摩天轮形成的约会地标、成都太古里的极奢文化等，均是适应当前消费群体特别是80后、90后年轻一代的消费需求而开设的实体店,以时尚、个性、体验为经营核心而打造的受年轻人追捧的社交场所。

新零售,对于线上、线下零售企业来讲,就是去除传统的以自我为中心的经营模式,重新建立以用户为核心的体验式经营模式。这是消费者变化的强烈需求,也是新零售变革的强烈需求。消费者在哪儿,实体店的服务就应在哪儿。一切均要围绕顾客的需求而转变,以用户体验为中心,只有这样,线上线下零售才有可持续的未来。

◎ 管理方法的转变

大部分实体店经营管理上采取"粗放型物业"管理方式,对供应商只是一味地"管理",很少有"服务"。这在具有较大国资背景的实体店更为突出,特别在其经营者年龄老化的情况下,更是严重。围绕消费者为中心的管理方式观念的转变主要集中在以下四个方面:

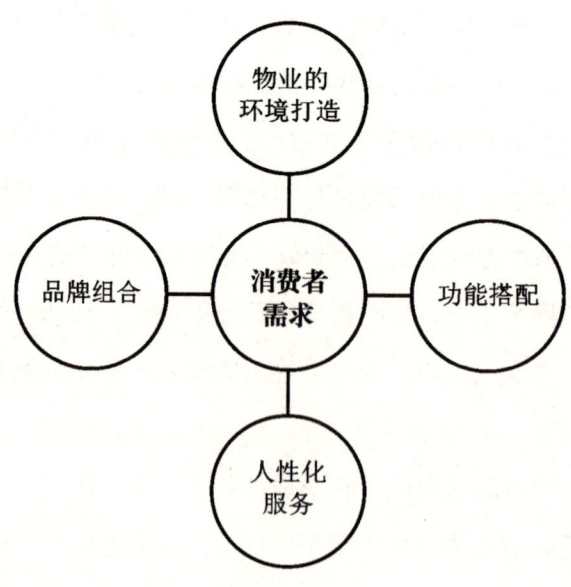

如北京侨福芳草地的艺术装置营销。芳草地有"商场中的798"之称，与专业艺术场所不同，芳草地像一个小的"798艺术区"，营造出浓厚轻松的艺术氛围。

芳草地并不是以艺术品的存在增加购物中心的氛围，而是在开发前就把艺术当作整个项目的一部分，把购物和艺术共存作为研究重点，把艺术与商业结合在一起，提供人性化服务，最大可能地为消费者考虑。顾客在艺术区待的时间越长，就越有购物的可能。这种精致化的细节管理方式，用艺术品来克服消费者对购物中心的审美疲劳，在享受服务的同时轻松购物。

在新零售下，要让顾客在实体店的选品、下单、支付、物流、售后、评价、分享等传统交易环节更加便捷，体验感更强。实体店要做到以下几点：

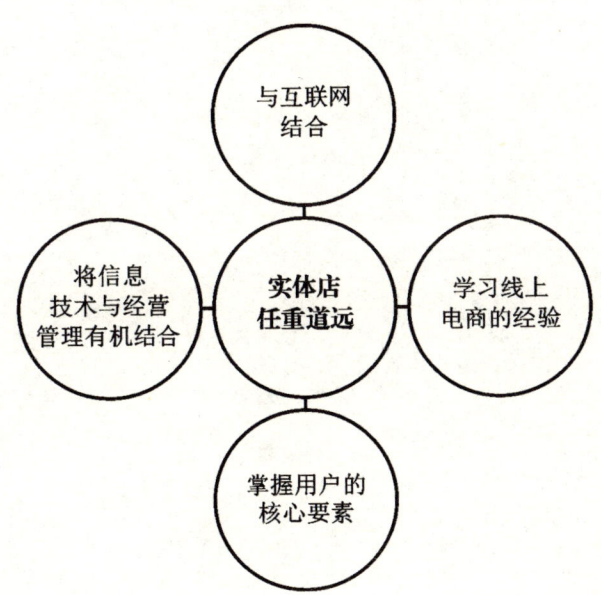

精致化管理过程中的量化和数据化管理，将为实体店带来可衡量、可考核、可分析和可运用的大量数据，将这些数据转化成更加强化管理

细节的服务顾客、服务供应商的"资源"，并通过将数据资源、硬件环境和软性管理相整合，实现实体店的升级发展。

新零售环境下，实体店实现从思维、观念、方法等方面的革新转变已迫在眉睫，谁真正掌握"新零售"所代表的内涵和精髓，谁才能更加靠近消费者，就能在新一轮的竞争中有更多的胜算。

传统零售已老，新零售来了。以用户体验为中心的经营模式，正在改变中国零售行业的传统思维和发展策略。

第 3 章　拥抱新零售时代，这几种转型模式你要懂

在互联网信息大潮下，传统零售没落几乎是必然的，新零售道路是不可阻挡的。传统零售该如何进行漂亮的转型？该运用何种商业模式？一个成功的商业模式不一定是在技术上的突破，而是对某一个环节的改造，或者对原有模式的重组创新，甚至是对整个游戏规则的颠覆。

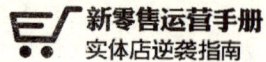

电商模式

搭上互联网的快车,电子商务成为促进社会和经济发展的重要因素,呈迅猛发展的趋势。"双十一"现在不仅仅是一个日期,它代表着一种消费潮流,一种买买买的狂欢。

2009年淘宝首届"双十一",短短一天时间创造了5200万元的销售额,这在那个时代是其他购物平台极少能达到的高度。

2010年,交易额达9.36亿元;2012年,交易额达191亿元,其中天猫为132亿元,淘宝为59亿元;2014年,交易额为571亿元;2015年,交易额为912亿元,其中无线端占比68%。

2016年"双十一"购物狂欢节开场52秒,交易额就突破10亿元,6分58秒时突破100亿元,最后的交易额达1207亿元。

从2009年的5200万元到2016年的1207亿元,"双十一"不仅记录了电商企业的兴盛和变迁史,也说明了电子商务在这个时代是何其重要。

与此同时,京东的"618狂欢节"、聚美优品的"301店庆"、唯品会的"年中大促"、苏宁易购的"818全民发烧节"等各大电商引领的琳琅满目的活动取得了传统零售无法比拟的业绩,电子商务发展已进入快车道。

面对电子商务的迅速发展,传统零售企业的经营业绩正在遭受着线上企业的侵蚀，实行转型战略已经迫在眉睫。企业若想在竞争中取得优势，就必须顺应时代发展的潮流，结合自身的优势，与电子商务接轨的同时，完善自身现有的服务水平，从而提升自身的综合能力。

◎ 搭乘互联网快车

传统零售店转型，找到一条合适的发展道路，对其发展尤为重要。作为知名传统零售商，苏宁搭乘互联网快车，近年来推出一系列强有力的措施，摸索新的转型模式：

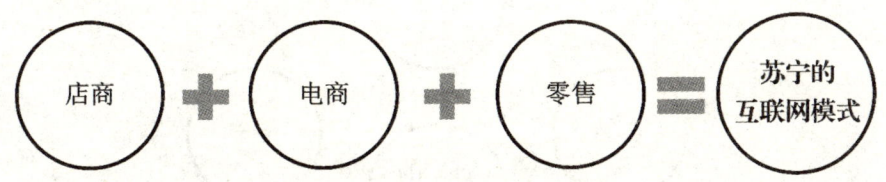

信息化是零售企业电商化的第一步，信息化是基础，电商化是转型的第一步。苏宁从2000年以前就让IBM定制设计了自己的ERP系统。2008年，苏宁搭建了工作团队，专门研究"电商迅速发展的情况下，苏宁如何应对"这个议题，这个研究小组也为苏宁后来的"沃尔玛+亚马逊"模式奠定了基础。

苏宁提出以"科技转型、智慧再造"为核心的信息化建设和运营管理的发展战略，利用信息技术为企业打造核心竞争力，制定出一系列基于"云技术"的服务计划，包括对消费者的物流监控、科技购物、便捷支付等。信息技术转型使苏宁能够在激烈竞争下保持持续的运转。

为了拓宽渠道，2013年年初，苏宁集团进行了重大的组织结构调整，苏宁电器正式更名为"苏宁云商"。同时，苏宁易购作为电商平台被提升到和传统平台同样重要的位置上来。苏宁易购是建立在苏宁电器长期以来积累的丰富零售经验和采购、物流、售后服务等综合性平台上的,是与行业内领先的合作伙伴IBM合作开发的新型网站平台。

苏宁从信息化改造到商品实现电商化,其进程基本上与美国的传统零售业保持了同步,建立电商平台是苏宁转型的关键一步。

从苏宁到苏宁易购,苏宁在互联网圈一直没有放下跨界与融合的道路。苏宁现在已经是一个典型的战略协同的生态型企业,其主营业务包括以下五种:

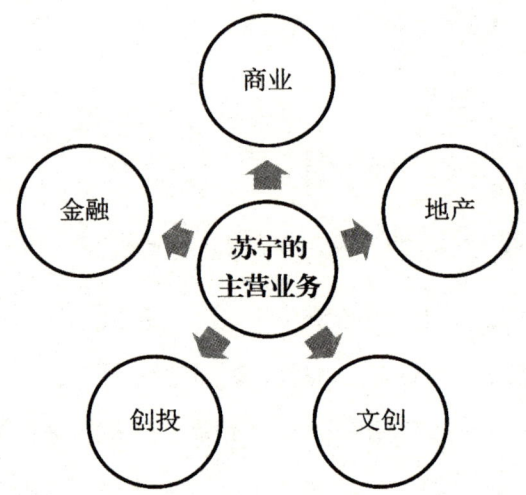

除此之外,还包括PPTV、院线、电影等多个领域,在互联网大环境下,跨界电商运营是苏宁成功不可缺少的部分。

苏宁把线上线下两种销售渠道有机地结合在一起,努力做到既有联系又有区别。联系是价格的统一,区别是各自担任的角色都有转变。

苏宁实体店的功能不再是单纯的销售、服务模式,还包括体验、展示、仓储、物流,甚至提供更加便利的增值服务。其电商平台相当于另外一种形式的24小时营业实体店。线下侧重体验,线上侧重便利性,将两者打造为一个全新的、整体的销售渠道模式。

◎ 电商平台+创新管理

对于企业来说，开展电子商务并不仅仅意味着建网站，宣传企业的产品和形象，也不仅仅是在网上卖商品。从1996年开始，上海烟草集团为规范市场经营行为，增强市场竞争能力，逐步构筑电子商务平台，将价值链上的工业企业、商业企业和零售客户紧密相连，重构价值流程，以最快速度、最大限度地满足市场需求，从而产生了很好的经济效益和社会效益。

上海烟草以创新卷烟营销管理为突破口，融入电子商务的解决方案。在电子商务的环境下，将卷烟销售开单全部纳入上海卷烟销售网络的电子商务系统，实现进、销、存数据的电脑处理和全市联网。通过系统的各种设置体现营销策略，及时搜集市场销售信息，加快企业对市场的反应速度，真正做到对市场的"调控"。

上海卷烟销售网络实行分层次管理，不得跨区经营。分层次管理包括：

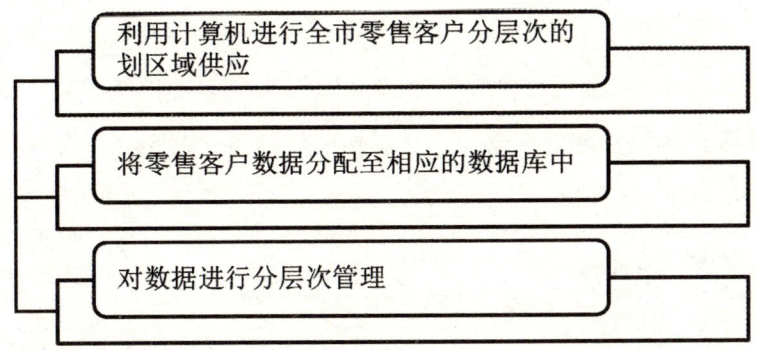

利用数据库中储存的历史销售数据对每个网点分品牌设立销售周转数，系统内存储了每个零售客户每个品牌的周转数，利用周转数进行库存整理，进而实施以"销售预测"为核心的配送服务。与互联网挂钩的物流配送服务，使上海卷烟的销售节省了人力物力，智能物流更是加快了烟草的销售。

"店商+电商+零售"模式被越来越多的企业应用，线上线下融合发展，是传统零售业转型的必经之路。

微信模式，微零售店的新王牌

近年来，随着社会的进步及经济的发展，我国的科技水平和人民的生活水平也在不断地提高。越来越多的高科技逐渐开始进入人们的生活，大家也越来越离不开网络这个大平台。与此同时，微信作为一种新鲜事物开始融入我们的日常生活，被用于交流、通信，甚至进入了流通领域。

微信已成为越来越多人日常生活的重要组成部分，在移动互联网时代，依靠新的社交平台重构社会关系，将会逐步淡化传统的社会关系构建方式。2014年，马化腾在世界互联网大会上提出腾讯要"连接一切"，要成为互联网连接器，而其连接一切的重任就落在了微信身上。

◎ 微信使用范围广

微信的商业价值，特别是对于零售企业的商业价值，越来越显现。据有关报道,全球微信使用客户突破9亿人,平均使用微信时长达90分钟。据调查,典型人群微信使用时长达到12小时以上。微信的使用人群已经由年轻人,发展到全覆盖,许多50后甚至40后已在使用微信。

微信使用功能由简单社交、聊天,发展为商务、培训、社群等更多功能。微信公众号,已经成为大众掌握更多有价值信息的主要渠道。每天起床后的第一件事,打开手机看微信,已成为许多人的基本生活习惯。

在此情况下,零售必须要学会使用微信,通过微信发挥更大的商业价值。

目前很多企业在内部的管理沟通上,对微信的使用也比较普遍。而在企业对于顾客一端的应用上还不太充分,最多就是在朋友圈发发广告、推送一下消息。零售企业要把微信营销作为一个非常重要的技术手段,系统研究、科学规划,使其发挥出更大的价值作用。

微信对于零售企业可以发挥三大作用:

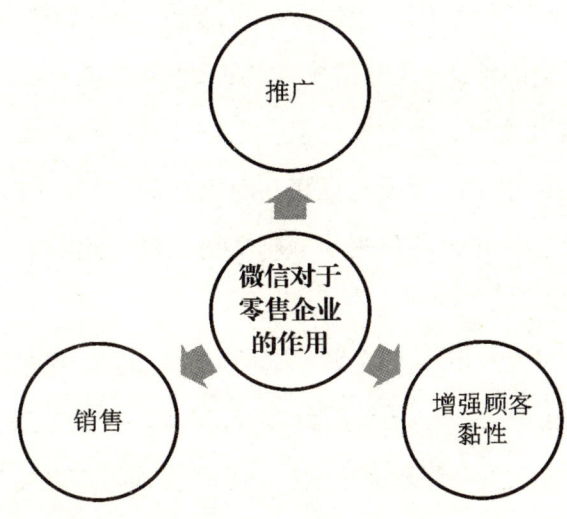

在移动互联网时代，有价值的微信公众号，已经成为社会大众获取社会信息、接受新知识的重要渠道。

公众号在企业推广、拓宽销售渠道、加深顾客关系等方面有较大的零售价值。零售企业要高度重视微信公众号，不仅要有企业的微信公众号，每一个门店也要有自己的微信公众号。

运作微信公众号的核心是有价值和保持活跃度。只有有价值，顾客才会订阅，否则没有人会关注。同时要保持活跃度，公众号至少每天更新一次，只有足够活跃，才会有人长久关注。

零售企业要有专人做公众号。一个好的公众号对企业、门店的营销推广、促销推广、新品推广，增加新的销售渠道、增强顾客黏性，进而更好地留住顾客意义重大。

◎ 利用微信平台打造零售王牌

星巴克企业营销发展战略向来注重数字营销与社交媒体营销，并一直走在科技与时尚的前沿，身体力行地打造新鲜时尚空间。星巴克官方微信平台，就是企业数字化营销战略中重要及坚实的一步。

星巴克是美国的一个咖啡连锁，它象征着一种咖啡文化。随着当今世界人们生活水平的发展与提高，时尚与品位开始成为人们所向往与追求的新话题。星巴克代表的咖啡文化，也与此同时悄然进入人们的生活。

面对越来越大的市场，以及越来越多的竞争者，星巴克开始将自己的宣传转入微信平台，开始通过微信进行营销来拓宽自己的市场。

登录微信，关注"星巴克中国"公众号，即可与之展开一场内容丰富的互动对话。用户只需发送一个表情符号，星巴克就会即时回复，即刻享有星巴克《自然醒》音乐专辑，获得其根据用户心情专门调配的曲目。

星巴克从全国的门店开始，让经常光顾星巴克的顾客先成为星巴克微信公众平台的粉丝，然后再利用活动等方式让粉丝自主将其推荐给自己的朋友，让星巴克微信公众平台的粉丝短时间内爆增。

星巴克微信公众平台有以下三大优势：

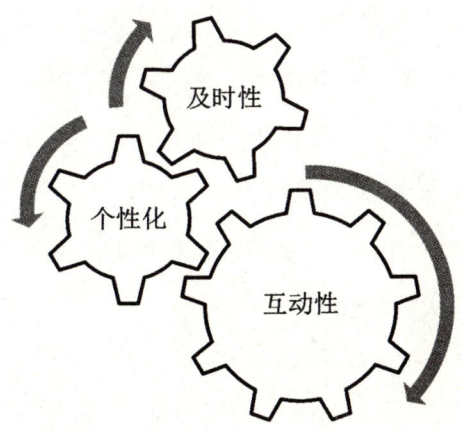

星巴克针对目标人群的特点进行了细致入微的分析，同时对微信公共平台功能充分进行开发，不仅破除了传统商业经营模式辐射面积小、用户参与度不高、受时间地点等制约的弊端，还具有了轻松时尚、趣味性高、商家与用户互动性强等优势。

星巴克将微信的及时性、个性化、互动性的优势充分发挥了出来，不仅将所有老客户牢牢地抓在自己手中，也让游离于其之外的客户开始注意它，在推广方面起到了事半功倍的效果，活跃的目标人群粉丝让星巴克的微信公众平台持续释放威力。

名创优品作为实体零售业领头军，抓住先机，率先推出品牌微信公众号，成为品牌黏住顾客、拓展经营的有力武器。2014年下半年名创优品推出微信公众号，到了9月，粉丝数即破百万。2015年年初，粉丝数破500万，目前的粉丝数达到1500多万，呈直线上涨态势，每日新增粉丝近万人。

公众号带来的粉丝经济，不仅给品牌在零售行业的重要地位奠定了夯实的基础，而且受到了诸多同属零售业品牌的关注，引领了同行业创办微信公众号的风潮。

受名创优品公众号的影响，同集团旗下的公众号"来自星星"的粉丝数高达500万，仅次于同道大叔；而另外一个颇受欢迎的公众号"吃喝玩乐汇"推送文章的阅读量也相当惊人。

作为千万级粉丝量微信公众号，名创优品的一举一动都牵动着零售业的命脉和消费者的心。关注名创优品的每日资讯，成为了众多企业家、投资商和年轻人的习惯。

名创优品推出一系列的活动：

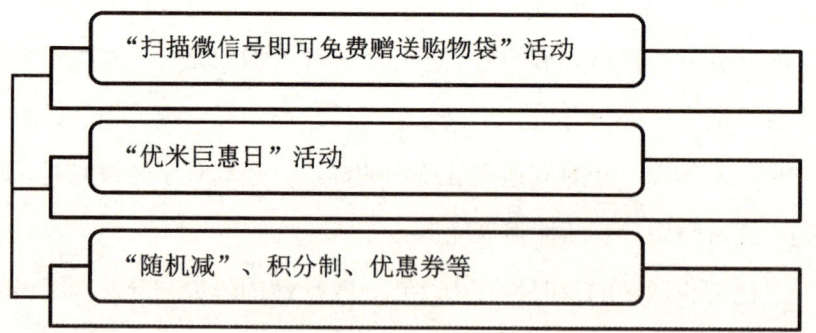

名创优品长期以来对品牌管理和消费者心理拥有精准的把握，在行业内首推"扫描微信号即可免费赠送购物袋"活动，以实在福利引起粉丝关注，轻松开始了从线下往线上的导流。

期间，名创优品不断推出优惠活动，增加粉丝黏性，并吸引新粉丝的加入。例如，推出"优米巨惠日"活动，1元秒杀洁面器、保温杯、电动牙刷等，惊喜的价格、较高的频率，牢牢抓住了消费者的目光。

同时，"微信支付日"也受到了消费者的广泛关注与赞许，在名创优品店内消费任何金额使用微信支付，即可享受随机立减，最高达300元。另外，围绕微信服务号，名创优品建立了互动渠道，专门推出会员积分、会员生日积分翻倍、优惠券、抽奖游戏等福利，还有送打车券、绿茶、话费等多重活动。

名创优品公众号具有以下三大特点，深受年轻人喜爱：

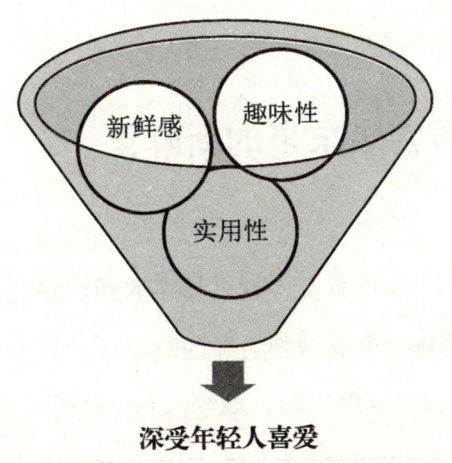

例如，"如何省时清洗浴室""香水的所有入门知识都在这里了""不止旅行，日常生活也能用到的24个小技能get"等，瞬间击中年轻人的好奇心，为消费者构建了线上线下全场景一站式消费体验。

名创优品摒弃了传统的以渠道为核心、终端为王的模式，改变为线上线下全渠道融合，大数据助力消费者价值深挖，社交网络助力精准传播的营销模式，为全球消费者提供了新型购物体验。

短短三年，名创优品在全球开店1800多家，包括美国、加拿大、俄罗斯、新加坡、阿联酋、马来西亚及中国香港、中国澳门等40个国家和地区，在当地深受消费者喜爱，并快速打开全球时尚消费市场。

2016年名创优品的营业额近100亿元，预计到2020年将实现全球开店6000家，创造营业收入600亿元的目标。名创优品线下的突破性发展，有助于线上的加速成长，从而推动线下的进步，线上线下相互融合，共同提升品牌知名度。凭借着不断的壮大，名创优品未来将在微信公众号这一平台推出更多的惊喜福利，让消费者享受更美好的生活。

APP模式，零售店未来的新阵营

随着智能机的大规模普及，越来越多的用户将时间花在了自己的手机上。面对这一趋势，企业品牌争斗的战场开始转移到这方寸之间，其中APP营销是一个很重要的手段。如今，APP渗透到多个行业。

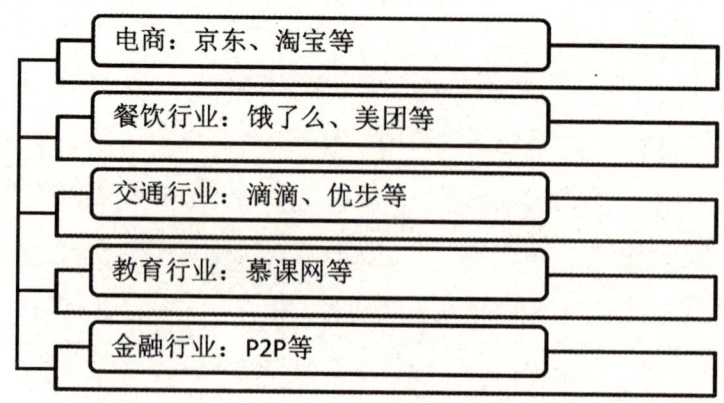

微信、微博等社交APP更是层出不穷，我们生活中的APP越来越多。相应的，企业无论规模大小，都想抓住这一机会利用APP来推动企业发展。

传统零售转型新零售，在互联网环境下必须要用到APP模式。

◎ 餐饮APP创意应用

就餐饮业而言，移动互联网时期，不仅仅是电子点单、手机订餐，在智能手机用户如井喷发展的今天，APP用户数量正在呈现继续"暴涨"的趋势，"人手一机"的宏伟场面似乎已经到来，餐饮业也迎来新的挑战和机遇。

在APP创意营销中突起的企业不在少数，以星巴克为例。星巴克紧跟时代潮流推出了独立的移动APP应用软件，支持移动支付并与时俱进地更新APP营销模式。星巴克抓住顾客习惯的变化，提供更加便于使用移动设备的环境。除了移动支付，星巴克APP还可以下载免费的歌曲，提供"查看营业时间和菜单""追踪喜爱的饮品""最近的门店"等服务。

这些便捷的服务，大幅度减少了人们在店里等待的时间，还增加了顾客忠诚度，给星巴克带来了可观的盈利。

星巴克开发了一款节日应用软件，通过这个软件，顾客可以了解星巴克在一些节日里的活动。此外，还可以利用手机摄像头增强实景功能，利用此软件拍摄星巴克的产品和咖啡店的相关活动，能使这些画面变成动画。新的体验方式使人们对星巴克更加"忠诚"。

除此之外，星巴克推出一款别具匠心的APP——闹钟形态的EarlyBird

（早起鸟），用户在设定的起床时间闹铃响起后，只需按提示点击起床按钮，就可得到一颗星。如果能在一小时内走进任一星巴克店，就能买到一杯打折的咖啡。它让人们从睁开眼睛的那一刻便与这个品牌联系在一起，潜在地影响了人们对星巴克的消费热度。

◎ 家居APP创意运用

宜家在保留传统产品目录的同时，将产品目录的部分内容数字化，通过"IKEA Catalog APP"的方式呈现，并且加入了一些很受欢迎的、强调客户体验及其现实感的互动功能。

2012年，宜家推出了一款IKEA Now APP，用户可以通过这款应用增强现实设计。IKEA Now APP载有产品的3D模本，可以将所有宜家卖场中的家具添加到为用户虚拟的客厅、卧室或者厨房中，让消费者在购买之前先对喜欢的家居进行摆放预览。如果客户觉得满意，可以直接通过应用程序进行付款，在填写好收货地址和时间之后，宜家选择距离消费者最近的卖场将货物送到消费者的家中。

宜家又于2013年发布了移动应用"IKEA APP"，它具有很多作用。

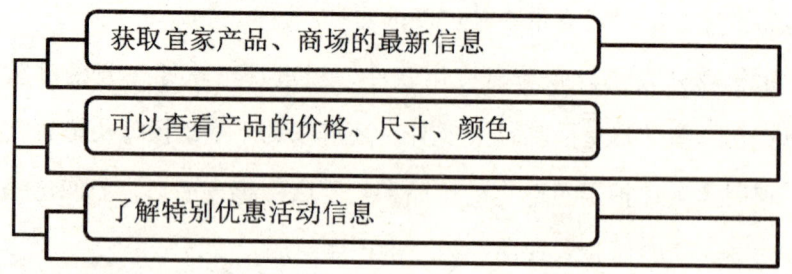

- 获取宜家产品、商场的最新信息
- 可以查看产品的价格、尺寸、颜色
- 了解特别优惠活动信息

消费者还可以通过它了解商场的营业时间、具体地址、地图和驾车路线、店内购物路线图等，也可以随时随地创建购物清单，查看产品的库存情况，消费者可根据自己的需要决定选择哪一个商场。除此之外，IKEA APP与现实中宜家的体验式营销的风格保持了高度统一，增强实景技术的运用，把个性化的DIY方式发挥到极致。

宜家APP移动应用的开发和利用，让顾客成为品牌的传播者和感受的分享者，有效提高顾客的主动性。它不再是单纯地出售家具，而且为顾客搭建一个体验产品的平台，给顾客营造美好的感受；让持有良好印象的顾客去传播分享，使其影响范围更加广泛。

宜家在长期经营中坚持了最初的定位，重视对消费者的情感投入与交流，用心贴近顾客。通过IKEA APP等一系列形式多样、不断升级的移动应用，进一步增进彼此之间的情谊，赢得顾客的支持与信任，做出了差异化的品牌定位。

由此可见，零售店铺转型互联网，APP不可或缺。

O2O模式，触动消费者的心理格局

在消费者主权时代，无论是销售产品还是提供服务，无论是零售商还是服务商，都必须以消费者为核心，尊重消费者的自主意愿和权利。谁抓住了消费者，谁就掌握了市场。在互联网的大环境下，与消费者联合的O2O模式是零售转型的一个有效方式。众多案例表明，O2O模式转型已势在必行。

◎ 全员O2O

(1) 京东O2O模式

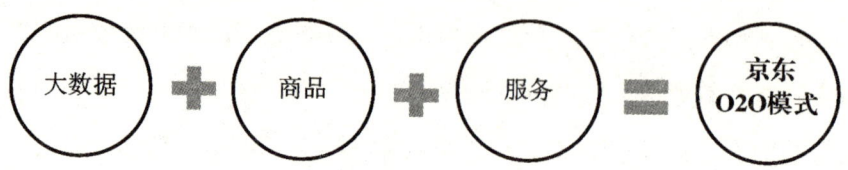

京东与15余座城市的上万家便利店合作，布局京东小店O2O，京东提供数据支持，便利店作为其末端实现落地。京东与獐子岛集团拓展生鲜O2O，为獐子岛开放端口，獐子岛提供高效的生鲜供应链体系。

另外，京东还与服装、鞋帽、箱包、家居家装等品牌专卖连锁店达成优势整合，借此扩充产品线、渠道全面下沉，各连锁门店借助京东精准营销最终实现"零库存"。

京东O2O模式基于线上大数据分析，与线下实体店网络广泛布局、极速配送优势互补。发挥京东的平台优势、物流优势，跑马圈地，扩大其市场地盘，填补其用户结构单一的短板，是开拓O2O发展的又一渠道。

继京东集团宣布与全国15个城市大约1万家便利店合作之后，互联网巨头腾讯宣布1.8亿美元入股房地产O2O整合服务平台乐居股份。一时间，O2O这种线上与线下相结合的发展模式备受业界关注。

(2) 银泰O2O模式

2015年，银泰商业与阿里巴巴集团进行战略合作，进一步整合了线下和线上的业务，使数字化经济与实体店逐渐融合，并推出喵街、喵货、西选、意选及喵客等O2O应用举措。

这些O2O实践的产品打通了支付和会员体系，在门店中引入诸多互联网品牌。"蟠桃下凡"项目中签约了一批淘品牌，推出了"银泰天猫货"的概念，同时为更多互联网品牌搭建了集货、in junior等线下集合店。在跨境方面和天猫国际合作，推出西选超市，同时推进意选项目，主打"全球好店"。

2016年，银泰商业第一家线上超市店铺在天猫超市开业，并首发"银泰天猫超市卡"。该卡在全国数十家银泰百货门店和"银泰天猫超市店"同效使用，实现线下IT系统服务于线上。银泰所有商场参加到天猫购物狂欢节，并尝试线下选品、线上支付购买的O2O模式。

银泰依靠在全国的零售网络帮阿里搭建好O2O的基础设施体系，进而全面解决双方在线上和线下的货品、支付、物流等关键环节的融合，给公司发展带来巨大动力，使银泰在零售百货业整体寒冬情况下，实现了可持续发展。

（3）万达O2O模式

万达联合百度、腾讯，共同出资成立万达电子商务公司，在大数据融合、WIFI共享、产品整合、流量引入等方面进行深度合作。三方将联手打造线上线下一体化的账号及会员体系，探索创新性互联网金融产

品,建立通用积分联盟及平台。

同时,万达、百度、腾讯三方还将建立大数据联盟,实现优势资源大数据融合,以弥补在O2O支付环节的短板。

(4) 海尔O2O模式

海尔作为传统企业的代表,其勇于突破的精神和把握时机有效布局O2O的众多举措很值得传统零售企业学习。

在其他家电行业还没想明白互联网思维是什么的时候,海尔已经开始了O2O闭环布局:开设自有电商品牌网站海尔商城;入驻天猫开设旗舰店;利用采销模式进入苏宁、京东等平台。

海尔打造全新"日日顺"平台,在全国建立了7600多家县级专卖店,26000个乡镇专卖店,19万个村级联络站,在中国2800多个县建立了物流配送站,布局了17000多家服务商,做到"销售到村,送货到门,服务到户"。解决了三、四级市场的配送难题,并且在配送速度上已有1500多个区县实现24小时限时达,460个区县实现48小时内送达。

在生产上,海尔打造互联网家电定制品牌统帅电器,与天猫合作进行C2B预售,打造"海立方"平台创新家电制造的众筹模式;与中信银行签署了供应链网络金融战略合作协议,搭建线上线下供应链网络金融平台。

海尔一系列的转型动作,在其他同类企业尚未开始时就已经完成,在市场占有及消费者基础上由此占领了先机。

近年来,悬浮在互联网上的电子商务企业大举进军线下零售市场,热衷于跑马圈地,四处落地扎根。O2O模式被奉为新时代的"生存宝典"。

从用户体验的角度来看,O2O更具交互性,为用户及商家提供了面对面接触与交流的机会,互联网成为线下交易的前台。

以家居行业为例,购买一套沙发选择黄牛皮还是水牛皮,选择头层牛皮还是二层牛皮,如果仅在互联网上通过图片和文字描述,消费者难以获得清晰的认识。通过O2O模式结合,消费者在网上了解到相关信息,再到线下展示厅进行实际体验,有利于做出最终的理性决策。同样,有了线下切身的体验,消费者在互联网上订购商品会更加放心。

◎ 线上向线下导流

线上向线下导流模式是O2O模式的实践,主要目的是通过O2O模式来为线下实体店导流,提高线下实体店的成交量。线上向线下导流,适用于品牌号召力强、影响力较大的实体商业。

在电商对传统线下商家摧枯拉朽式的冲击面前,宜家的业务却稳步提升,这与宜家的导流模式密切相关。其导流模式主要有以下三个:

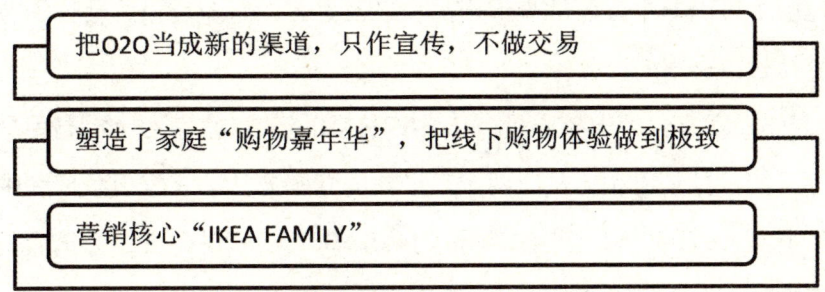

（1）宜家把O2O当成新的渠道，只作宣传，不做交易。宜家建立了强大的自媒体矩阵，包括信息完善、颇具吸引力的官方网站；可以看产品、看信息、看库存，然后生成购物清单的APP和网站；建立在新浪微博上的网上社区，以及聚集大量宜家粉丝的豆瓣小站。

这一切的目标，都是通过产品与消费者互动，为宜家塑造"为大众创造美好生活"的品牌定位。消费者可以非常便利地找到自己想要的东西，但是如果要购买，就必须去宜家卖场，各种信息能够让消费者非常容易在现场找到所需商品。通过线上宣传，带动线下流量。

（2）宜家塑造了家庭"购物嘉年华"，把线下购物体验做到极致。宜家设计的产品，充分体现简约、环保、超值的特点，绝大部分的家居，都是支持消费者自己进行简单的拼装，这充分满足了个人"制造"家居的欲望。

宜家每年都有超过3000款新产品，把各种家居搭配在一起，让人有"身临其境"的感觉，不但可以看，而且可以坐在上面，甚至躺在上面，都不会有人管。这使很多消费者"不得不"把整个环境中的家居全部买回，以确保能有同样的店内"场景"带来的惊喜感觉。

在布置方面，宜家商城内场面宏大，灯光明亮，指示牌清晰可见，设计好的路线科学有效。宜家提供用于记录购买商品的便签，在任意一台电脑上可以非常方便地查询产品，以及好客的宜家店员，会让消费者很容易找到喜欢的产品。

（3）宜家营销的核心是"IKEA FAMILY"。宜家为了提高用户忠诚度，实行目录册和会员店两个最经典的营销方法。宜家俱乐部在中国已经拥有900万会员，而宜家销量的40%~50%都来自会员。会员店是一个店中店，专为吸引会员而设。

会员卡只是宜家获得消费者数据的开始，延伸价值如下图所示：

宜家的所有营销活动都围绕会员进行，会员在宜家会获得不同的待遇和优惠，如果要搞季节性大促销，也会提前提醒会员。所以，宜家的会员都会有很强的尊崇感。

当宜家在做营销活动的时候，俱乐部的经营人员会随时对销售部的数据记录进行评估，对数据进行分拣和分析，结合进货品类和会员信息，为不同需求的会员定制不同的短信通知，并交由第三方公司发送到会员手机上面。

除此之外，会员们通常还会通过宜家粉丝博客交流自己的家居装饰心得，宜家很重视会员的反馈。

宜家的O2O战略构建了一个完美的商业模式，让线上为线下导流，其在线上所做的一切就是用内容吸引消费者，以此促进店内消费。

◎ 线上线下融合并重

O2O线上与线下融合，是一种资源和优势的互补。要做到实体店和互联网并重，就必须做到：

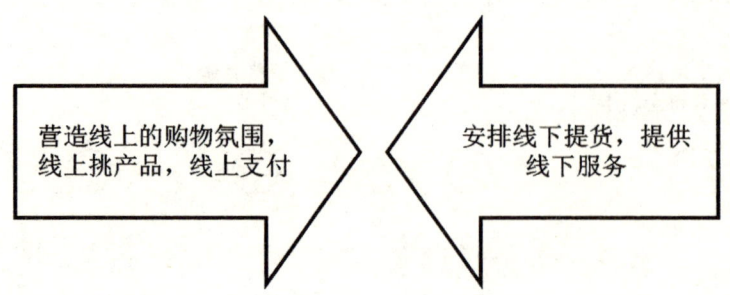

飞凡电商依靠万达集团,定位于实体店和互联网相结合,既有互联网公司流量思维和IT技术实力,同时又有万达实体商业的运营经验。

相比传统电商,通过飞凡APP入口,消费者除了购物外,看电影、聚会、玩乐也都能"一键直达"。同时,飞凡利用自身的互联网技术实力,为合作商业项目提供WIFI、Beacon等信息化基础设施建设。

对于线下商场和实体店铺来说,飞凡电商为其转型升级提供了助跑器和平台。在面对终端消费者方面,产品和服务无限扩展,为消费者提供更加优质和舒适的消费体验;在自身的内部管理上,提高各种效率,提供符合商业升级趋势的产品,满足了消费者对于购物体验的要求;另一方面,也帮助实体店实现了基因的改造,真正实现线上线下的融合。

线上线下并重,是传统零售转型O2O必不可少的环节。

第 4 章　体验经济，营造个性化消费环境

　　未来经济将是一种体验经济，未来的生产者将是制造体验的人，体验制造商将成为经济支柱之一。体验经济时代已经来临，零售店要给用户带来全新的购物体验，营造个性化消费环境是传统零售转型的必要环节。

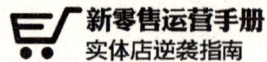

艺术风格零售店

电商步步紧逼之下，实体商业已进入主题化、特色化的体验经济时代。以往百货、超市、电影院是购物中心的"三大件"，但这种组合现如今已经被打破，新型模式如百花齐放。

企业发挥自身优势给客户带来个性化体验，满足消费者个性化需求。个性化商品和差异化服务对吸引消费者来说显得十分重要，尤其是能够带给消费者特色化体验的商业空间，会备受青睐。

个性化环境可以传递一种独特的体验感受，通过主题的营造、空间形态的变化、景观构成要素的烘托等给消费者带来独特的、个性的购物体验。独一无二、高品位，是现在消费者的一大追求。

◎ 销售的不是商品，是创意

在体验经济时代，各大商场内原创设计师品牌以及生活类、文化创意类产品蜂拥而至，它们对消费者尤其是年轻消费者具有极强的吸引力。

这种富有文化创意的艺术风格零售商店不同于常规的服装、家居、生活用品等零售卖场，它具有以下特点：

第4章 体验经济，营造个性化消费环境

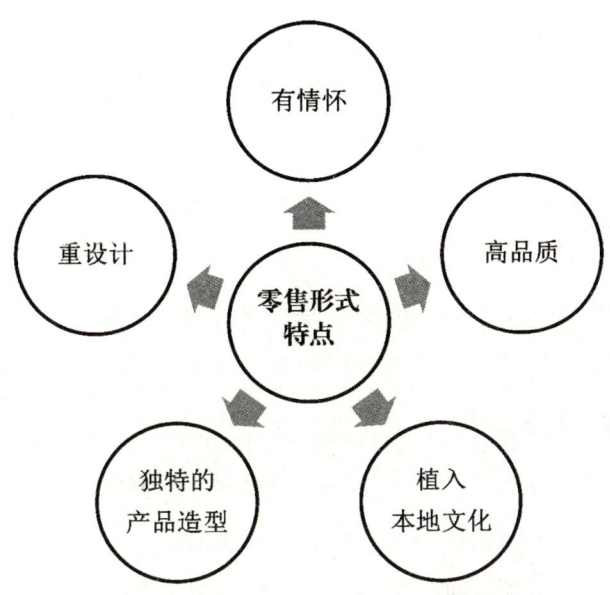

PDFCHIC作为融合国际众多不同品类设计师的时尚品牌，生产不同艺术风格艺术家的优秀原创作品，包括：服装、配饰、珠宝、鞋、包等。PDFCHIC用"时尚+艺术+生活+社交"这一新的创意概念，创新一种营销模式，营造一种高品位的生活方式。

PDFCHIC的最大亮点就是把国内外著名艺术家的原创作品植入于集合店之中，形成一个店中艺术空间。它不仅使店中的陈列、环境焕然一新，更是让消费者在购物的同时有一种精神的享受，文化的熏陶，艺术的陶冶。在购物休息之余，可以边喝咖啡边欣赏油画、雕塑等艺术作品，也可以将自己喜爱的原创艺术作品买回家。

PDFCHIC店内悬挂的艺术品具有独特的文化内涵和艺术性，给消费者带来另类感官享受。在目前零售行业面临危机，互联网购物兴起的情况下，PDFCHIC求变求新，立足于服务，着重于体验，创造时尚与艺术相融合的模式，注重服务品质，注重商品内涵，注重空间体验，将创意融入到销售中，是其吸引顾客、实现终端销售的关键所在。

苏州的诚品生活也是一个典型案例。诚品生活从项目选址、建筑设计到工程营造，都由诚品团队与合作伙伴共同创作。以"净""探""聚"为设计概念，56000平方米的经营面积内涵括人文书店、文创平台与展演空间等。

全店定位"一座人文阅读、创意探索的美学生活博物馆"，空间设计概念以西方建筑结合东方园林、湖水等元素，展现人、建筑与环境的平衡，店内空间设计沉稳、内敛、安静。书店区域分为五大书区、四处特色空间、三家店中店。店内长廊蜿蜒，设置阅读桌椅，展现诚品书店款待人、款待书的精神，带来"游逛式阅读"的场所体验。

诚品生活文化创意复合式的经营模式，让人在其间有趣味性、共同感和归属感，其独特的创意吸引大批的消费者纷至沓来。

◎ "享受式"消费

体验式零售可以通过以下途径来实施：

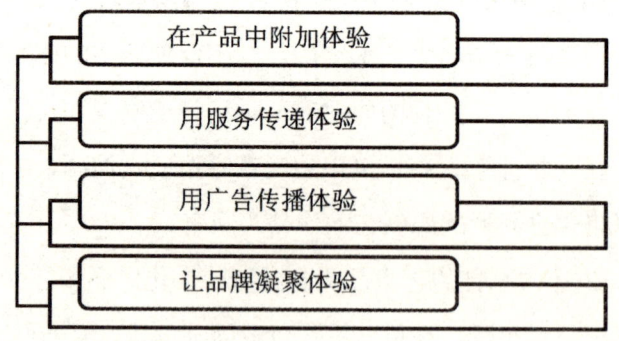

感受不一样的体验，享受不一样的服务。以极简生活美学打造家居、杂货产品的无印良品在这一方面可谓独具匠心。无印良品开设的上海淮海755世界旗舰店是中国国内最大的旗舰店，位于3层的无印良品书店内上架3万多本精选的书籍，分为"衣、食、住、行、育、乐"六大主题。

MUJI BOOKS的图书分类与传统方式不同，是将之与相关物件混搭，通过人性化的场景设计，使购书成为顺理成章的事。如在一层入口右侧的植物展柜，数十盆绿植与"绿色生活的创意"相邻，可以随手取阅英国博物学作家理查德·梅比的《杂草的故事》或是台湾学者潘富俊的《草木缘情》；而在微波炉、电饭煲等厨房电器旁，会看到《一人份料理》《好想为你做便当》等通俗易懂的烹饪类图书。书店内还设有OPEN MUJI，不仅供读者歇脚或看书，还承办小型演讲和工作坊活动。在阅读中享受，在体验中感受，并由此触动消费。

又如，位于日本神奈川县的糕点店MIDI A MIDI，店内色调素雅，以木质材料为主，简约且现代。天花板直接将设备管线裸露，各类风格迥异的吊灯设计透露出一股现代工业气。

店里提供了三种不同类型的座位，供顾客自由选择：

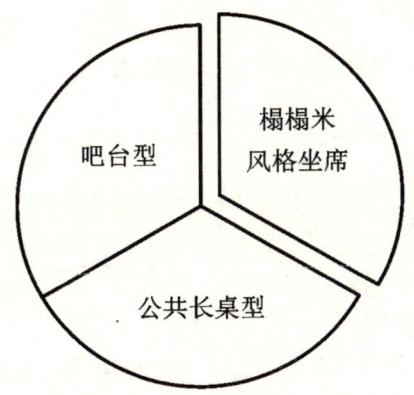

开放式的厨房和类似集装箱的展示平台，一方面展现出面包糕点是新鲜出炉的，另一方面也鼓励顾客通过这个平台让自己发现想吃什么。

店内还专为顾客设计了一块阅读区域，就像图书馆一样，提供各类书籍，让顾客在享受美味的同时还能享有丰富的精神食粮，整体环境也更加雅致。

MIDI A MIDI的"糕点+书"搭配，使来店消费的顾客在买糕点的同时体验别样感受，独特的设计和阅读空间的应用，让糕点店吸引了大批消费者。他们只是来买糕点的吗？不，也许他们是来享受的。

"家"的文化体验

不可否认，电商凭借着传统行业无法比拟的优势而发展迅猛，但是网上购物的不足之处也十分明显。面对网站琳琅满目的商品，消费者只能凭借图片和文字介绍，看不到实物，无法获得切身的体验，加上网上购物物流速度缓慢、实物与宣传物不符、退货麻烦等问题，使得越来越多的人从线上走到线下。

零售店应抓住自身优势，做到以下几点：

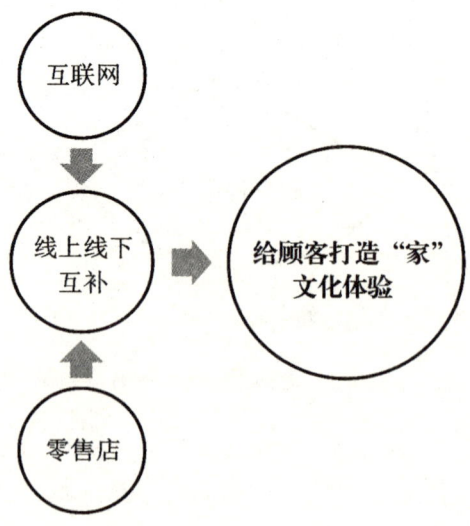

第4章 体验经济，营造个性化消费环境

在消费者主宰市场的时代，商家卖的不只是产品，卖的是品牌，是文化，是服务，是价值，打造"家"的情感体验，是零售商笑傲江湖的良方。

◎ 消费者买的是感受

现在消费者买产品，仅仅是买产品吗？时代已经不同，消费者买的不仅是产品，也是在买解决方案，要买得舒心买得称心。

说到奔驰，很多人冒出来的第一个念头是：车！没错。但有谁会把奔驰和吃喝玩乐联系到一起呢？有吗？有，奔驰本家。

2016年4月，梅赛德斯—奔驰亲自打造的全新生活体验基地Mercedes me三里屯体验店亮相北京。该体验店提供以下服务：

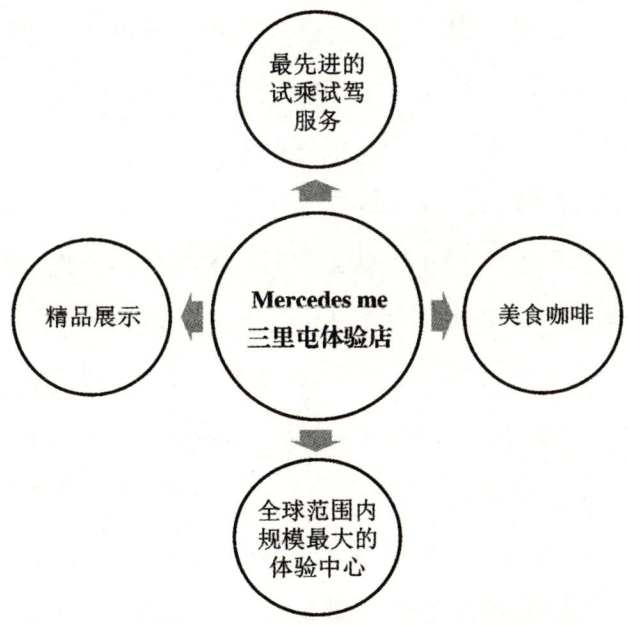

不同于以往的4S店试乘体验的茶水饮料，Mercedes me体验店的一

层拥有优雅精致的环境、营造出轻松愉悦的氛围，除了不卖车好像什么都卖。

体验店中的 me café 咖啡厅，以现代方式诠释出东南亚的经典味道，为客户提供健康天然的东南亚特色美食，还有多种口味的梅赛德斯—奔驰fair trade精品咖啡供客户选择，让客户无需走出国门，就能尽享异域美味。在附近工作的很多白领会把me café 咖啡厅当作工作就餐的选择之地。

体验店处处体现出融合理念，既有东南亚特色美食和西餐料理，自然也少不了中式美味。四方三川(SFSC)中式餐厅，以少盐少油的健康创新烹饪理念，为喜爱中餐的消费者提供清新鲜淡的美味食物。除了美食，四方三川还汇聚了西湖龙井、正山小种、安溪铁观音等中国六大茶系的各色茗茶，让客户陶醉在清新茶香中。

除了果汁吧之外，体验店还有极具国际风情的LIGHTHAUS酒吧，客户通过落地窗可以一览无余地欣赏三里屯酒吧街全景，同时品味美酒中蕴含的梅赛德斯—奔驰130年的品牌积淀。

体验店中还有满足精神需求的奔驰艺廊，充满科技和创意元素的画廊里，不仅介绍了130年奔驰品牌的历史与传承，更展示了奔驰当下"感性、纯粹"的新豪华主义设计理念。体验店也为艺术家提供机会与平台，承办各种艺术和音乐等活动，旨在丰富顾客的到店体验。

在体验店内设置多处LED屏幕和数字触控桌面，顾客可以自由、随心地比较车型、颜色和内饰搭配。

Mercedes me体验店是梅赛德斯—奔驰在出行服务领域的跨界创新之举，它不是一家普通的4S店或城市展厅，更不是一家品牌餐厅，而是一个综合平台。

第4章 体验经济，营造个性化消费环境

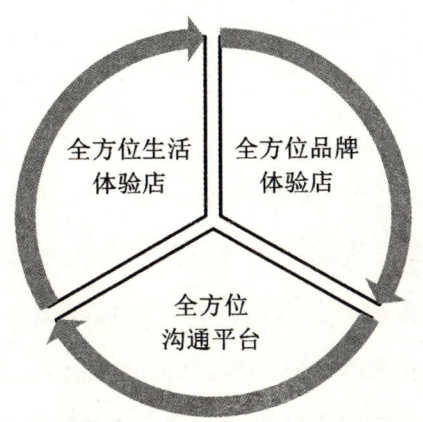

通过Mercedes me体验店，不仅为顾客提供愉悦、便捷的"家"的感受，让顾客在"家"中买单，同时也以轻松的环境让顾客深入了解梅赛德斯—奔驰的品牌历史，展现了企业的品牌文化。

◎ 关注消费者体验

随着消费者情感需求比重的增加，消费日益追求差异化、个性化、多样化，企业必须改变传统的观念，要以体验式经济来创新品牌推广、关注消费者的体验，让消费者在消费产品的同时参与到产品的情感创作中来，在消费中享受自我价值的实现。

ZARA设计团队为服装业界所称道，他们对时尚潮流的把控能力、复制能力都是一流的。这在于ZARA一直全力关注着消费者爱买什么、爱穿什么，关注消费者的体验。

ZARA把顾客体验做到每个细节中去，抓住核心用户，刺中用户痛点。它所强调的顾客体验虽不是最贴心的，但绝对是最符合消费者期待的。随着互联网和移动互联网的发展，ZARA使用许多新的办法来实现这一点，不仅包括提供丰富的产品，还包括打造整个线上线下的购

物体验。

除了本身生产具有设计感的服装外，ZARA的门店陈列也与其他快时尚品牌明显不同。大空间少货架，少量多款的陈列特点让顾客有如置身高级时装店，带来尊崇的购物感觉。

ZARA旗舰店有一套门店系统，除对每天服装销售情况进行统计外，柜台和店内各角落都装有摄影机，门店经理随身配备PDA手持终端。每当有顾客对衣服的款式进行评价，经理便会通过ZARA内部全球资讯网络，将这段录像和反馈意见传递给总部设计人员，由总部作出决策设计产品样式。

ZARA通过对顾客的评价进行快速反馈，将数据采集与决策紧密结合，贯穿以下整个环节：

市场调研 ▶ 设计 ▶ 打版 ▶ 制作样衣 ▶ 批量生产 ▶ 运输 ▶ 零售

ZARA认为洞察顾客的最佳地点是店铺，只有在店铺才能充分了解顾客的需求。当顾客再次来到ZARA店内，眼前的款式正好符合自己需求，这就是最好的顾客体验。

顾客喜欢线上购物的便捷、享受线下消费的贴心服务，是新零售需要思考的出发点。从顾客角度出发，用数据、用顾客评价创造更好的体验，这个理念适合于零售企业操作的方方面面。顾客需求不仅引领了产品的价值导向，同样也引领了零售企业的决策方向。

◎ "情感牌"为产品加分

不论是在传统广告时代，还是移动互联网时代，"走心"一直是企业不可缺少的部分。直击人心的销售，会向顾客潜移默化地注入品牌信息，让受众接受品牌的传播诉求。零售店应该针对消费者的心理确定情感方向，在情感上满足顾客的需求。

春运，关系亿万中国人的切身利益。春节回家是中国人最温馨的一次归途，但途中可能会经历种种困难。飞鹤曾抓住春运这一契机，实行"爱·没有距离"情感策略，吸引了一大批客户。

飞鹤乳业通过深入挖掘春运期间"用户候车时间长，场景化用网行为突出"的特点，根据腾讯提供的春运人流数据分析，联手移动、电信两大运营商，共享中国30万基站，实现城市机场、火车站、商圈等地流量全覆盖，让每个人在机场、火车站和商圈等地都能够免费使用网络，拉近与家人、朋友的距离。

此外，飞鹤乳业制作H5互动页面，引导网友寄送以飞鹤形象为主题的"鹤"卡。活动期间，飞鹤共送出1.6亿份免费WIFI，近300万人向亲朋好友寄送了"鹤"卡，飞鹤《爱·没有距离》主题微电影的播放量超过1800万，引发春运期间移动端互动新高潮，巧妙地将用户需求转化为品牌声誉。

由此，飞鹤乳业在第22届中国国际广告节上，摘得中国广告长城奖的"知名品牌奖"，以及腾讯智慧营销奖的"最佳无线应用奖金奖"。

在移动互联网盛行的今天，移动技术是拉近与消费者距离并形成有效互动的关键，飞鹤乳业充分利用每一个用户在生活中经常用到的移动应用和场景。飞鹤成功的因素主要有：

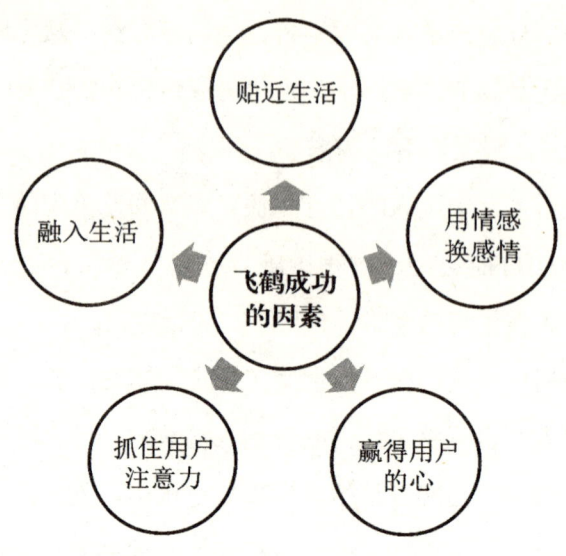

◎ 创造和消费者有意义的链接

零售店要保持持久的活力，就需要加强与消费者的联系，营销不是一买一卖一次性关系的完结，而是创造和消费者有意义的链接。做到这一点，就要了解消费者的需求。每个需求都能够用一个把品牌和消费者连接起来的符号或者主题体现出来，让消费者了解产品及服务特点，并且和品牌核心价值保持一致。

《伟大品牌做什么》一书中说："伟大的品牌瞄准的是消费者的心，而不是他们的钱包。"对于建立和消费者的链接来说，这是非常好的遵循原则。

Zappos提供给消费者的购物方式，以及退换货政策对于建立和消费者的联系非常有效。Zappos对顾客作出承诺，如果觉得鞋买得不合适，送货和退货的运费都是免费的；顾客可以购买几双不同风格的鞋子，试穿之后保留合适的，将不合适的退回。

Zappos的做法大大释放了消费者的决策压力，加上随后推出的延期付款政策，使消费者做出决定变得非常简单。而且Zappos不惜一切代价追求客户满意，为了让客户尽快收到货品，客服甚至可以坐飞机将货品给客户送过去。最极端的服务是，如果商品缺货而客户又很着急，他们甚至会把客户介绍到竞争对手那里去。

对零售业来说以下三个方法是其占领未来市场非常重要的技巧，也是建立和消费者有意义的链接的重要方法：

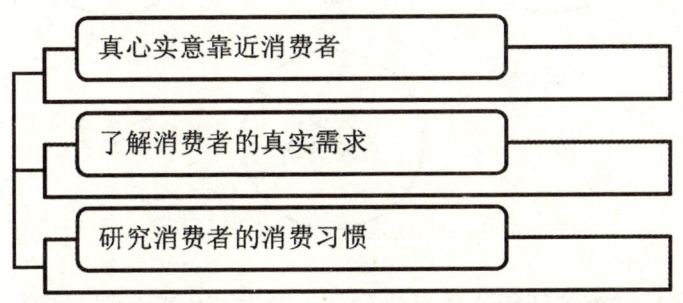

在社交媒体被广泛应用的今天，零售商要想通过互联网建立与消费者的联系，只有先站在他们的角度，透明化地打造一个信息互动、无障碍交流的社会化平台，最大限度地满足他们分享与聚合的需求。只有建立起消费者的信任，让消费者拥有强烈的依赖感，他们才愿意在这个社会化平台上交流和分享，并与之建立有意义的链接。

实体店的无现金支付

移动互联网时代，整个世界瞬息万变，企业应做到以下几点：

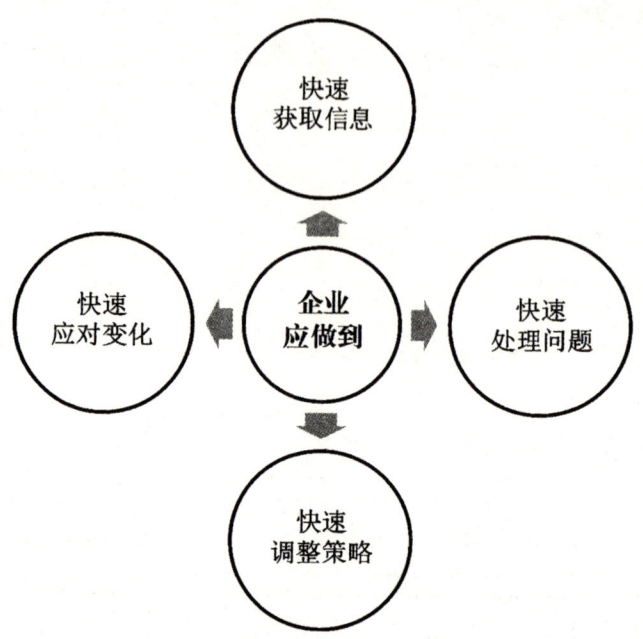

企业只有做到这些才能以快制胜，跟上时代的步伐，进行变革。微小改进，快速迭代是零售店应该遵守的一个原则。其中，交易支付方式的更新是零售店紧跟时代步伐的一个重要环节，而"无现金支付"是支付方式发展和演变的必经之路。

"有一种回国叫做'结账时，大家掏出了手机，而我掏出了现金'"，这是一位海归的真实感受，连支付宝官方微博看到后也忍不住转发点赞。这只是移动互联网发展的一个缩影，但是也充分说明了移动支付已经成为一种新的潮流。特别是微信和支付宝的出现，让二维码成了购物、打车、叫外卖时最受欢迎的支付方式。

移动支付已渗透进零售商圈，"只带手机逛实体店"已经成为一种潮流，零售店引进移动支付势在必行。

第4章 体验经济，营造个性化消费环境

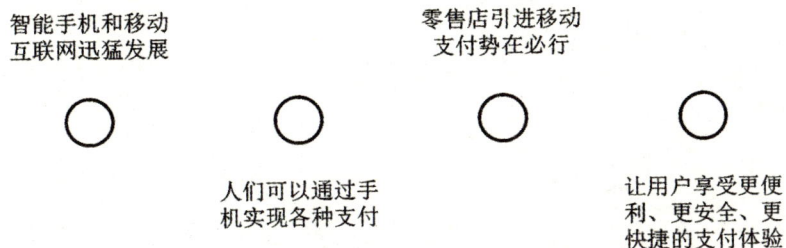

2015年4月28日，蚂蚁金服宣布，商超巨头华润万家、家乐福已经与支付宝钱包达成合作。华润万家旗下的商超品牌将全线接入支付宝钱包支付，首批江苏、江西、浙江三地的1000多家超市、便利店已经完成接入。家乐福在北京、上海、杭州的所有门店也已支持支付宝钱包付款。

华润万家与支付宝钱包合作之后，全国范围内的华润旗下商超品牌都全线接入了支付宝钱包支付，华润万家还推出了针对支付宝用户的专属优惠活动。南京、江西、浙江三地的1000多家门店上线了长达一个月的9折活动，用户首次用支付宝钱包付款可享9折优惠，5元封顶。每个用户有一次9折机会，支付成功后可参与抽奖，最高可获得100元的购物红包。这种手机支付优惠的方式使得很多用户前往华润万家消费。

家乐福在北京、上海、杭州的所有门店也进行了长达一个月的折扣优惠：每周五、周六、周日使用支付宝付款满50元立减5元。而周一至周四，在家乐福购物用支付宝钱包付款可参与抽奖，最高可获得100元购物红包。这些优惠活动都吸引着大量用户前往消费。

微信支付也不甘落后，2015年5月5日，"家乐福中国与微信支付O2O战略合作发布会"在深圳举办。

在发布会上，家乐福宣布，广州、深圳的13家门店接入微信支付。微信则不局限于支付，也结合其本身的社交属性，面向超市经营者提出以"微信支付+微信公众号"的方式建立商超与用户的全方位连接，通过手机完成以下简单服务：

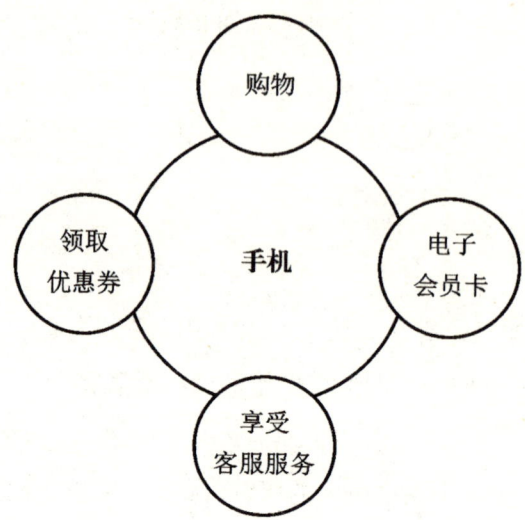

事实上,这种刷手机支付的方式,在很多零售超市已经应用。物美、沃尔玛、华联、大润发、欧尚等大型零售超市都开通了移动支付服务,实体超市正掀起移动支付的大潮。

2015年10月,麦当劳也加入与微信支付合作的行列,智慧餐厅落实进麦当劳店内的每个体验细节。顾客进入一家麦当劳店用餐,一般需要经过3个阶段:点餐——支付——用餐。

麦当劳的数字化用餐流程如下:

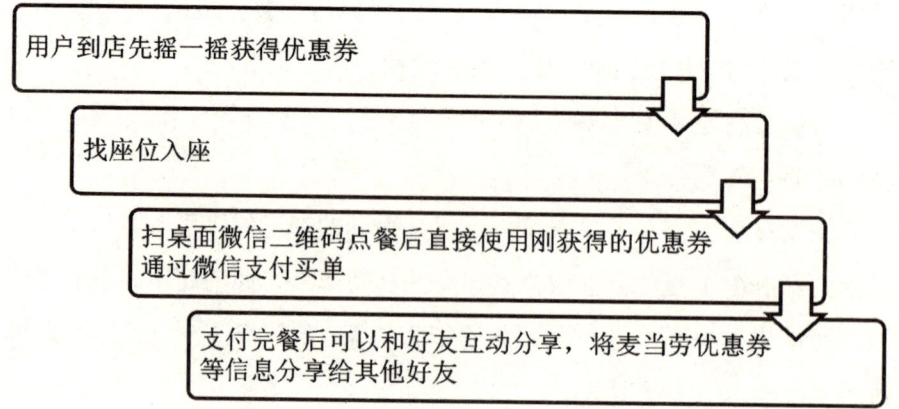

除此之外，麦当劳的微信支付旗舰店内，从店头到店面，从餐桌到售后，店内的每个设计细节不但将微信支付简约、时尚的气质与麦当劳的经典设计进行了融合，更是在"智慧餐厅"的实践上融入了麦当劳"快乐""分享"的品牌理念。不仅完成了麦当劳支付方式的升级，还将微信红包、微信转账、点赞、摇一摇等微信独有的基于社交分享的产品体验融入了整个就餐体验，打造出别具一格的智慧餐厅体验。

万豪国际集团将旗下位于上海、北京、香港三地的10家酒店接入支付宝服务，办理退房时，可以通过扫描二维码或条形码进行支付；也可选择在入住酒店前预先支付。香港化妆品零售连锁店SASA的全部门店都已经支持支付宝和微信支付，周大福门店也宣布了与微信支付的合作。

四川五大遗产景区、阿坝州全域旅游景区、成都市内及周边最受游客欢迎的4A级景区，共计18家景区现已实现微信购票。除了购买门票外，该平台还提供语音导航、高清地图等服务。

正是在支付宝和微信支付的努力下，让手机支付从各类生活服务，覆盖到了线下的便利店。如微信支付发起了"无现金日"，倡导大家一起使用移动支付、刷卡等更低碳、便捷的支付方式，获得了来自于餐饮、便利店、书店、超市、百货等11个行业的全国80000家商户的参与。随后支付宝也推出"无现金月"的活动，以商家折扣和补贴的形式进行推广。

微信支付和支付宝这两大移动支付平台的"无现金"业务正不断加速前进，涉及的服务项目越来越多。

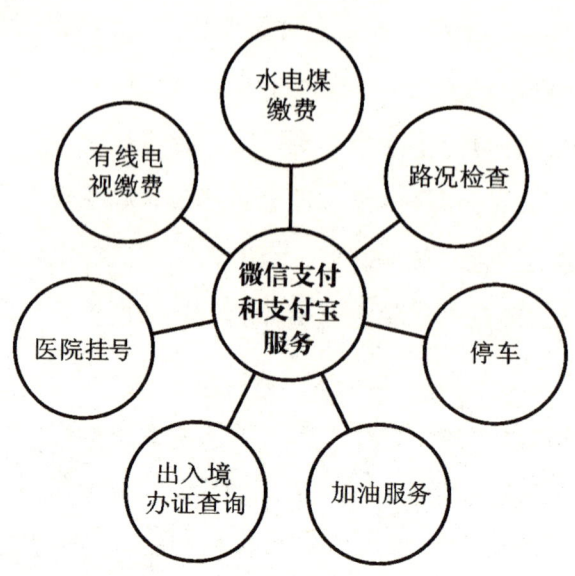

传统的超市零售商接入支付宝钱包和微信支付，将弥补实体店在移动支付上的短板，提升实体店购物体验，省去验钞、开钱屉、点钱、找钱等环节，提高了效率。同时，也能通过一些优惠活动，吸引客户的注意力和购物欲。

未来，传统零售商拥抱移动支付，肯定会成为一种趋势。移动支付因为方便和省心，正在成为主流的消费支付方式。付钱的时候，不用刷卡，不用付现，更不需要签字，消费者只要掏出手机打开支付宝或微信钱包的收付款二维码，让超市收银员拿着扫码枪轻轻地扫描一下，付款全程只要几秒钟，这样的场景会越来越多地出现在我们身边。

随着O2O消费习惯的培养，移动支付正逐渐成为消费的主流方式。实体零售商也应紧跟时代潮流，牵手移动支付平台，迎合互联网的脚步，做出适时的应对举措，促进零售业的发展。

第5章　服务至上，零售的人文情怀

　　现如今消费者购物，不仅仅是购买产品，更多的是精神上的一种沟通、一种享受。实体店要抓住消费者心理，用极致的服务和人文情怀营造个性化消费环境，直击人心，引发情感共鸣和互动，从而吸引消费者，拉近与消费者的关系。

极致的细节服务

"回归零售本质"是2014年以来,被业界人士频繁提及的一句话。回归零售本质,其实就是回归常识、回归细节,为消费者提供最贴心、最便捷的服务。

在零售业有一种说法:世上只有两家便利店,7-Eleven便利店和其他便利店。

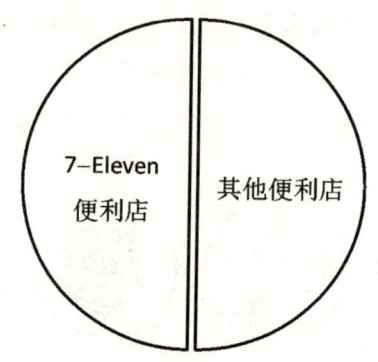

7-Eleven这个名字的含义是,倡导一种早睡早起的生活,早7点起床,晚11点睡觉。1974年,日本第一家便利店7-Eleven自东京一间小小的家传酒坊里开出。时至今日,7-Eleven便利店已经遍布世界各地。而7-Eleven便利店,可谓把"极致的服务"发挥得淋漓尽致。

"桃子在冰箱内保存3小时最为甜美"这句话被印在日本一家7-Eleven便利店的海报上,以提醒顾客桃子要这样吃才最味美。初到日本的人,往往很难想象这种细致入微的体贴竟然是来自一个"小卖部"。

7-Eleven便利店在日本提供的服务，从最开始的24小时营业，到支付水电煤气费，甚至是保险、税金等各类非公共事业费，以及开设ATM机，收发快递，到现在的送货上门，日本便利店把"便利"真的做到了极致。

在中国，年轻人是7-Eleven便利店的主要消费人群，而在日本，覆盖的则是各个年龄层。

日本便利店服务范围广，以便民为主。除了为顾客代办提取、配送包裹行李、设有多媒体服务机，顾客还可购买机票和各种活动的门票、冲洗数码相机相片、给手机充电、订购售后送货的大件商品、收发传真、彩色复印等。

便利店还为所在社区居民提供小时工的机会，也为很多学生提供零售业和服务业的工作经验；售卖漫画书和杂志也是便利店的一大特色，经常有很多读者在便利店的书架前浏览；便利店门口提供的垃圾箱也为店内顾客分类扔垃圾提供了方便；便利店卫生间对外开放，方便顾客和普通民众。

便利店商品齐全，价格恶性竞争少。食品是便利店的主流商品，除了传统小吃、速食品、主食、便当外，便利店还提供各种小包装的新鲜食品、酒类及一些简单的医药品。

店内主食商品丰富，鲜度管理强，很多商品都是当日生产的。商品价格基本保持一致，各家主要通过不同的商品结构和服务错位经营，避免了恶性竞争。

除了便利店，就整个零售业而言，日本企业都把服务做到了极致。主要体现在以下几个方面：

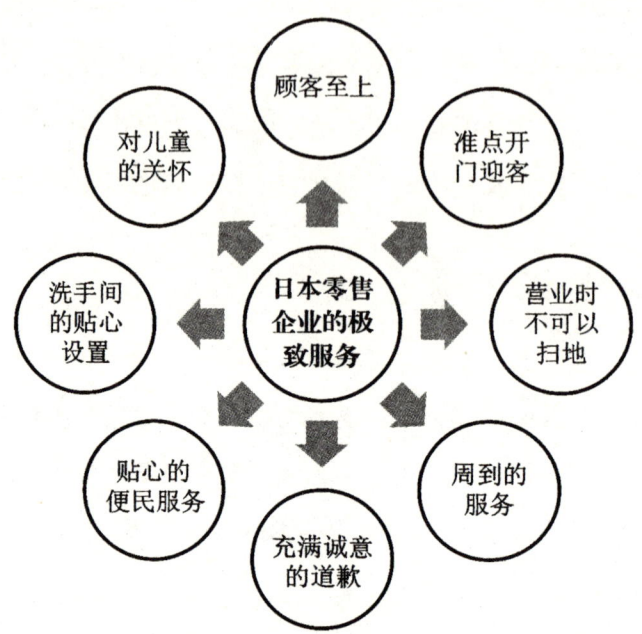

（1）顾客至上，不管忙什么，只要客人问话都要停下来。不管是巡场人员还是餐厅服务员，不管什么职务，只要有客人问话，都要停下手里正在进行的工作。如果特别忙则需要再三道歉和解释，并感谢理解。这样的软文化可能让人觉得拘谨，但在日本这已经成为一种习以为常的状态。

（2）准点开门迎客，时间精确到秒。无论是店铺还是大型游乐场，开门迎客的时间准确到秒。如果一个店铺写明是上午8点开门。那么他们会在6点半人员到岗，7点店门口打扫完毕，7点半店内打扫完毕，然后陈列和整理商品。快到8点，顾客陆陆续续在门口排队，所有服务人员换好工作服列队，等待秒针指向8点。

（3）营业时不可以扫地。餐饮、旅馆等禁止扬尘的场所，在营业的时候是绝对不可以扫地的，一般在开门前后完成地面清洁工作，有一些餐饮行业甚至进货都不能在营业时间。

（4）周到的服务。如在日本很多场合都需要脱鞋子，商场试衣间也是，每当客人进入试衣间，服务人员都需要把鞋子摆放整齐，放在客人出来的方向，方便客人穿。有的商店为了让客人更愉悦地购物，还会提供免费擦鞋服务，这样客人在店内就会待更久，更利于商品销售。

（5）充满诚意的道歉。在日本，当客人对抱怨服务或产品时，不管是不是产品或服务的问题，服务人员都要代表团队道歉。只要是服务人员能协调到的，都要帮客人处理问题。而且日本从业人员随时保持微笑，从目光接触后的欢迎声，到目送离开的送别声，从耐心的解答咨询到不住地点头聆听，服务人员在每个环节都保持职业微笑提供服务。

（6）贴心的便民服务。日本的便利店数量非常多，它的商品种类也在突破空间上所能容纳的上限。尽可能在最小的空间做最多且最方便顾客的事，这是日本便利店企业的最大课题。有些便利店贴心到在收银台下面都有小小的洗手台，方便顾客买了食物想吃，又苦于无处洗手。

（7）洗手间的贴心设置。日本女性极少有不化妆出门的，所以在购物中心洗手间的每一个厕位前都有一个化妆台，这样做一方面是分散排队人群，另一方面也为了避免洗完手继续化妆还需排队。带婴儿的妈妈去洗手间时，可以把宝宝放在靠墙的挂椅上，面对着妈妈，这样宝宝更有安全感。

（8）对儿童极致的关怀。日本绝对是把对儿童的关怀做得最到位的一个国家。在日本，再简朴的小餐馆，哪怕只有三四张桌子，也一定会配备一两张婴儿椅；再简朴的厕所，都会在隔间里装上放婴儿的地方；商场的休息区内还会专门辟出儿童区。

在日本的每一个零售店中，能时刻随处体会到他们对细节的高度重视。这种对细节的精益求精和用心的对客服务，获取了更多顾客的芳心。

附加服务

零售业竞争激烈，特别是在互联网大环境下，大量的忠诚顾客成为零售企业追求的目标。忠诚的顾客会重复购买企业的产品、会向他人推荐企业。这就要求零售企业的经营活动从满足顾客的需求出发，从顾客的观点、角度来分析消费需求，把提供满足顾客需要的商品和服务作为经营目标。但是，顾客满意已经不能保证顾客的重复购买，那么，零售业该如何提高顾客的重复购买率呢？

答案是"增加零售附加服务"。通过对顾客开展零售附加服务来引起顾客的愉悦和对企业的偏爱，以达到提高顾客的忠诚度、提高顾客的重复购买率的目的。

如果这些附加服务能够提高顾客的体验感，那么，顾客就会再次光临，他们也会对身边的朋友提起附加物，而使得朋友们也来光顾，受他人推荐而来购买的顾客往往比那些被夸大的广告活动所吸引来的顾客更加忠诚。

零售附加服务可以在以下几个阶段实施：

第5章 服务至上，零售的人文情怀

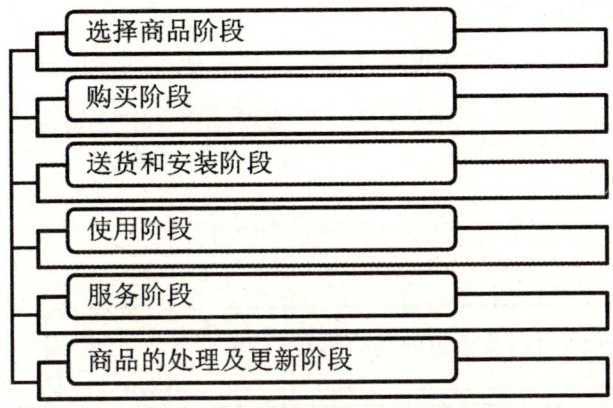

在选择商品阶段，零售店可以给顾客提供个人偏好的停车位；在商店的入口处，可以用一杯新榨的橙汁来欢迎顾客的光临；可以为儿童提供糖果，还可以提供带有茶点、休闲读物的休息区；友好而专业的服务人员是必不可少的；服装店宽敞舒适的试衣间也是提高附加服务的一大举措。这些附加服务会使顾客的购物经历更加愉悦，从而提高顾客的忠诚度。

在购买阶段，一般包括顾客接触销售人员、完成支付、包装所买的东西等几个过程，可以通过对销售人员的培训和管理来增加附加服务。办信誉卡、包装商品、收款、开发票、表达感谢，以及给员工配备电子笔记本，顾客可以在上面浏览全部产品的信息，这些都会增加顾客的愉悦感。

在送货和安装阶段，商家应力求送货到家，甚至可以送货到顾客所希望的第三方服务那里。对一些顾客能自己安装的商品，应该附上关于介绍产品使用方法和注意事项的光盘，以及安装零件或清洁它们所需要的工具。这些附加服务会极大地增强顾客的愉悦感，提高他们的忠诚度。

在使用阶段，清楚的使用方法和注意事项说明书是必需的，除此之外还可以提供一些顾客感兴趣的其他信息，比如对不同品质产品的划分等级等。除了有形风险，商店还可以通过无条件的退货保证来减少顾客的财务和社会风险。

服务阶段是贯穿始终的，零售商应做到：

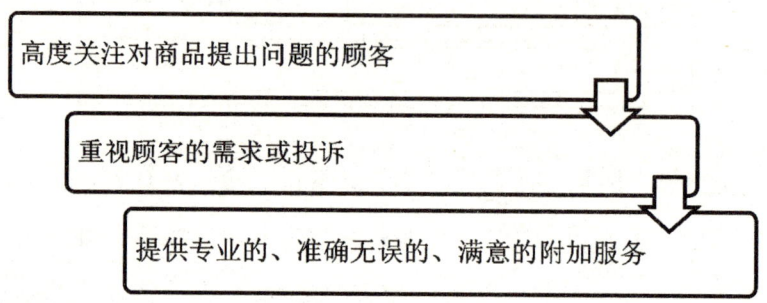

这些附加服务对顾客会有意想不到的效果，比如一些商家提供免费缝补服务，这种细小的服务会极大地提高顾客的愉悦感和忠诚度。

在商品的处理和更新阶段，很多顾客希望商家既提供新产品，也回收所替换的旧产品。商家要超过顾客的期望，回收那些风格过时但仍能使用的货品，可以以顾客的名义把它们捐赠出去，或者在同类别的新货品中给予顾客补贴。

商家也可以与当地的回收机构建立合作关系来回收那些功能过时的产品，除了环保意识外，商家会给顾客提供更加愉悦的购物体验，这些都会拉近和顾客的距离。

在当前激烈的市场竞争中，顾客期望得到满意的结果，然而顾客不会仅仅因为期望被满足就推荐给周围的人去这家店，顾客需要愉悦感，才会热情地向周围的人推荐，这种热情来自于超出期望的愉悦——由附加服务所带来的愉悦。

第5章 服务至上，零售的人文情怀

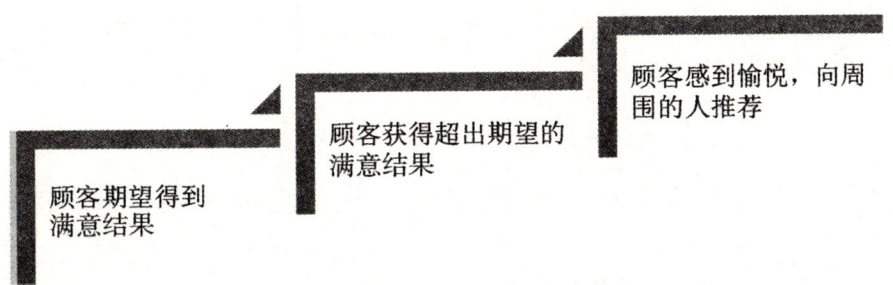

增加零售附加服务来获得顾客忠诚度，需要全体人员的努力，不仅仅是服务人员，也包括中层和高层管理人员，在开展零售附加服务时，各个层次的管理人员将承担不同的角色，发挥不同的作用。

隐形服务

倡导"优品消费"的MINISO名创优品依循"用户至上"的原则，主要通过以下细节体现：

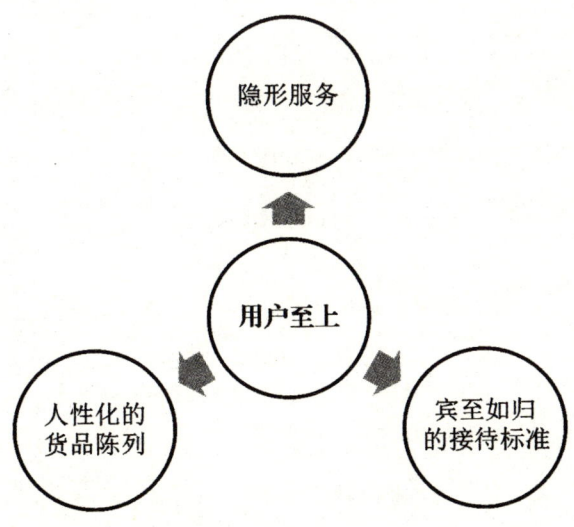

这些细节为顾客创造了"极好的购物体验",目标是"让每位顾客在购物时都沉浸在轻松和幸福的氛围中"。

凡是到过MINISO名创优品的顾客对其门店的氛围应该会有深刻的印象。因为它不像传统零售的门店,顾客进去之后首先避开店内导购,然后选好产品后立马离开。这样一来,顾客不仅没有通过购物得到放松,反而增加了紧张感。而在MINISO名创优品则不一样,顾客一走进门店便能感受到自由轻松,主要表现在以下几个方面:

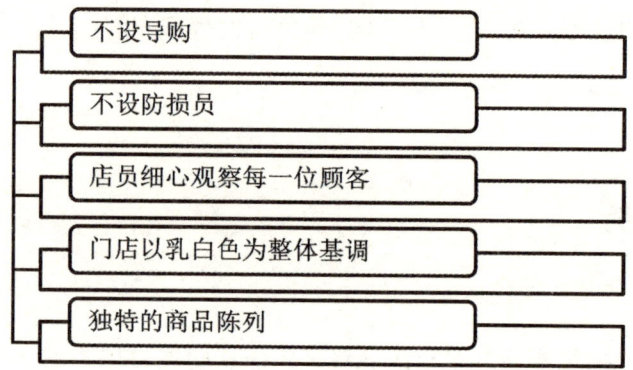

- 不设导购
- 不设防损员
- 店员细心观察每一位顾客
- 门店以乳白色为整体基调
- 独特的商品陈列

传统零售实行的导购制这在一定程度上促进了产品的销售,但也给顾客带来了很多烦恼。因此为了给顾客打造极致的购物体验,MINISO名创优品不设导购,在店里,没有人会引导消费,当顾客沉浸在购物的氛围中,店员完全不会打扰到顾客购物;当顾客需要帮助的时候,店员即使是在整理货物,也会第一时间为顾客提供服务,解答一切关于产品的问题。

此外,店内不设防损员,也就没有令人不自在的扫视目光,因此顾客能够更轻松自由地购物。如此一来,顾客就会想要慢慢地挑选产品,而不是目的明确,选好东西便立即离开。

不仅如此,店员还会细心地观察每一位顾客,看到顾客拿着很多东西的时候，店员会主动递给顾客购物篮，以方便其购物。MINISO名创优品方方面面都细致入微，和其他实体店的服务有着很大的区别。

以往传统零售门店装饰以白色为主，而MINISO名创优品则选用乳白色作为整体基调。因此店内多了一分柔和，少了一分冷淡。此外，店内灯光统一为暖黄色，与logo的大红色相呼应，整个空间顿时充满温馨舒适之感。当顾客一进入店内，便立马沉浸在这温馨的氛围当中，疲惫的身心也能得到放松。

名创优品的商品陈列方法如下图所示：

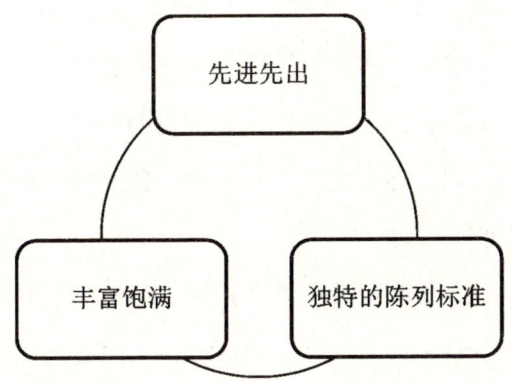

商品陈列是一个体现品牌"内涵"的方法之一。除了采用传统的先进先出、丰富饱满等常规性原则外，MINISO名创优品还根据自身产品特征和店铺定位，制定了很多独特的陈列标准。

比如，著名的"二指原则"。即规定产品之间必须保持二指宽度，既便于商品拿取，也划定了陈列尺度，同时还能有效减轻产品陈列压力。这样一来，MINISO名创优品店内将不会出现顾客取一个产品而让其他产品掉落满地的尴尬局面。

素来号称"一切以顾客为中心"的MINISO名创优品在制定标准化

同时也将顾客的购物习惯考虑在内，比如以下细节体现了其独特的陈列标准：

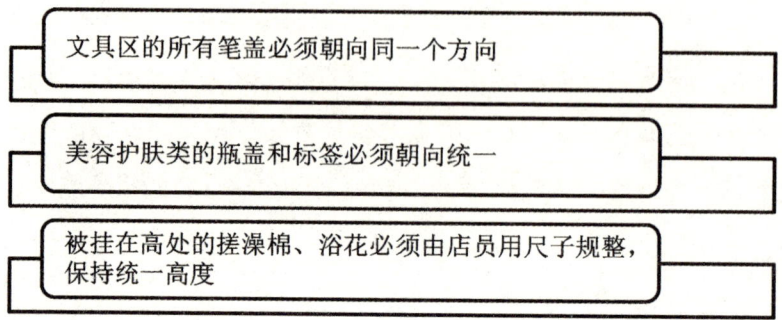

- 文具区的所有笔盖必须朝向同一个方向
- 美容护肤类的瓶盖和标签必须朝向统一
- 被挂在高处的搓澡棉、浴花必须由店员用尺子规整，保持统一高度

　　逛街购物本是一件轻松愉快的事，顾客在选购时固然需要商家的服务，但是过度的热情也会起到反作用，令顾客感到厌烦。一个能吸引顾客的商家，往往是靠营造一个宽松舒适的购物环境以引导消费，而非靠无数导购目光灼灼地逼迫消费。MINISO名创优品看似"高冷"的导购，其实才是最好的导购。

　　从门店装修、产品陈列再到自助购物，每一项都是顾客能够直接体验到的，但也是最易被人忽视的。MINISO名创优品的成功也向传统零售商们发出信号，在消费升级时代只有回归理性，深入挖掘顾客的真实需求，打造高品质、超预期的服务体验，才能真正留住顾客。

最后一公里服务

　　尽管传统零售线上与线下整合已是大势所趋，但想要打动并留住日益苛刻的消费者，零售业应该做到以下几点：

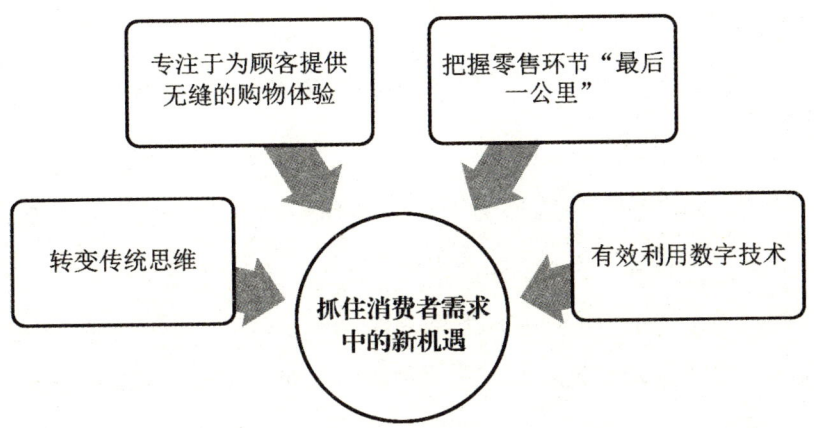

◎ 无缝零售

在互联网时代，消费者希望通过动态、开放，尤其是连续的多渠道途径实现无障碍的、不间断的购物。

越来越多的消费者在购物时会查询智能手机，或是查看社交网络上朋友们分享的购物小贴士，以便实时以最优惠的价格获得产品。

电商可以利用其与生俱来的灵活性和高反应速度为品种不断增加的低价产品提供快速、便捷的通道，进而让消费者买到其钟意的商品。传统零售商必须改变现状，加速推进，实现无缝零售，才可能在激烈的市场竞争中获得优势。

电商和实体店彼此融合、相互借力，带给消费者的是一场前所未有的购物革命，无论在实体店、网络还是在移动终端上，他们享受到的是一种无差别、不间断的购物体验，以至于再去区别到底是电商还是传统零售已毫无意义，这就是所谓的"无缝零售"。

国际知名咨询公司埃森哲通过调查研究发现，在保证消费者快乐消费与忠诚度方面，大部分零售商在可以做什么与应该做什么之间存在巨大差距。

调研显示，在中国地区，超过90%的受访者认为在实体店购物轻松或非常轻松，这一比例在网络购物上为71%，而在移动设备购物上仅为46%。

66%的受访者表示他们很难在线上和实体店内买到品类一致的商品，而且零售商很难在多渠道上提供真正的一致性体验。

调研结果显示，消费者需要的不仅仅是在某一个渠道买到心仪的产品，更希望获得无障碍的多渠道购物体验。对于零售商来说，实现无缝零售，更有利于在市场竞争中获得优势。

实现无缝零售，需要具备一致的购物体验，互联购物，一体化商品推销，灵活的订单履行与退货，个性化互动，更好更快这六大能力。同时，需要能够实施四大主要步骤：

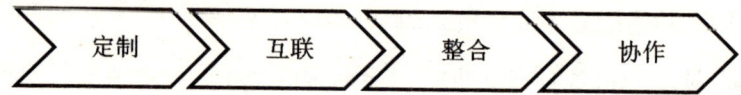

（1）定制，了解无缝客户。现在，消费者购买行为及想法变化极快，他们可能钟意店内的某件商品，随后请求售货员在他们考虑是否购买期间保留该商品。

这意味着零售商需要能够识别每位消费者，并在各种环境和渠道上为每个消费者提供个性化体验。这不仅要求零售商具备在任何环境下记录每位消费者行为的能力，还要求他们具备引导消费者购物的能力。

网站可为线下实体提供业务，同样，线下门店也可以带动线上的销售。此外，当消费者在不同渠道间转换时，零售商需要使用数据进行精确定位，预测个体购买趋势的变化。

（2）互联，打造无缝化运营。如果零售商只是简单地添加网络和移动应用，而不是将这两者与实体店有效地融合运用，那么消费者并不能随时随地在各渠道上体验无缝购物。

对于传统零售商而言，分散的组织会妨碍与单一客户的交流。淘宝"双十二"活动中，消费者可直接向卖家发出求购信号，卖家可以根据关注人数与求购信号决定折扣力度，体现了零售商提供定制化服务、顺应消费需求的趋势。

利用网络和移动技术实现无缝化的作用主要有如下三点：

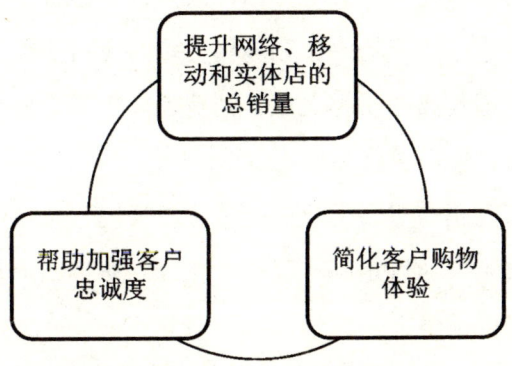

（3）整合投资无缝平台。无论是实体店或网店，价格是决定客户选择前往哪个零售商处购物的首要因素。

在无缝零售全球消费者调查中，多数消费者表示他们比较青睐最便宜的订单方案。这表明零售商需要拥有极其灵活的一体化IT平台，以便经济高效地实时提供基于情境的个性化服务。

通过加大对数据分析、存储技术和云解决方案的投资力度，零售商可以将现有的众多独立平台、应用和架构实施标准化。这样做不仅能够减少运行成本，而且还有助于深化洞察力，提升灵活性和速度，这也是快速创新和决策的关键所在。

（4）为实现无缝客户体验而通力协作。传统零售商很少能够单独提供真正的无缝化客户体验。

一家拥有数千家门店的零售商，如果它打算向其在线购物消费者提供当天送货的服务，那么该公司必须有资源可以对新的送货车队、复杂的新线路设定以及人员调度能力进行投资，否则很难实现其远景目标。但如果与物流供应商开展合作，该零售商即可获得更多资源及相应的配套能力，从而扩大其获取竞争优势的机会。

实现无缝化是一个长期且困难的过程，涉及到艰难的决策与选择。在当下快速发展的市场中，无缝化已经成为任何想要保持相关性零售商的主要属性。在未来的市场中，无缝化更是必不可少的元素。在体会到了不间断、多渠道购物的乐趣之后，消费者非但不会减少对于无缝化体验的需求，反而这些需求将会与日俱增。

领先的零售商正在努力学习如何适应新情况，传统零售必须加快脚步，进行创新改革，通过定制、互联、整合和协作四大步骤在当前激烈的市场竞争中获得优势。

◎ 社区服务O2O

如果说"互联网+"是2014年的热词，那在此基础上的"互联网社区+"无疑是2015年的热词。各种O2O，商业消费、医疗健康、养老服务、金融等众多领域纷纷布局社区，展开"最后一公里"争夺战。

社区是城市人群主要的活动场所，社区服务几乎覆盖了他们80%的生活消费领域，人们的生活日常以此为起端向周边和其他地区延伸。

社区高度的集居方式吸引着众多的商家，社区服务将是企业竞相争夺的市场，以万科、保利、中海等大型企业以及顺丰"嘿客"、京东"快点"为代表的电商迅速围绕社区服务发展线下O2O平台，抢占"最后一公里"。

在互联网潮流下，提供生活服务的社区便利店、餐饮店、药店等零售店该如何拥抱O2O？如何真正地让O2O服务落地？在竞争日益激烈的情势下，企业该怎样发挥自身优势，与各大电商实现O2O合作，提升用户服务体验？主要有以下四个解决策略：

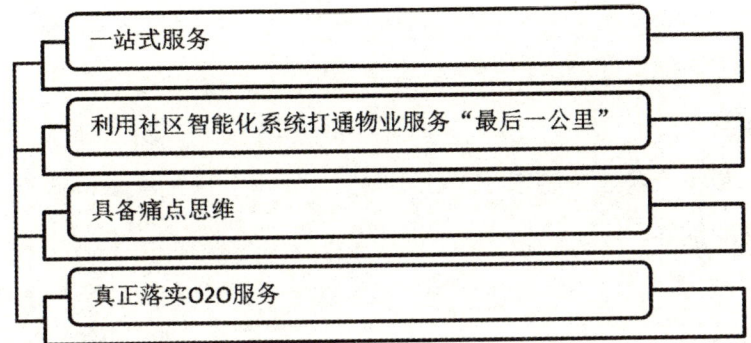

（1）一站式服务。社区服务是"互联网+"中最为庞大的，所有的用户都来源于社区，无论是医疗、就业、教育、娱乐等都可以通过社区服务进行一站式解决。

便利店提供的服务越来越多，具体包括以下几种：

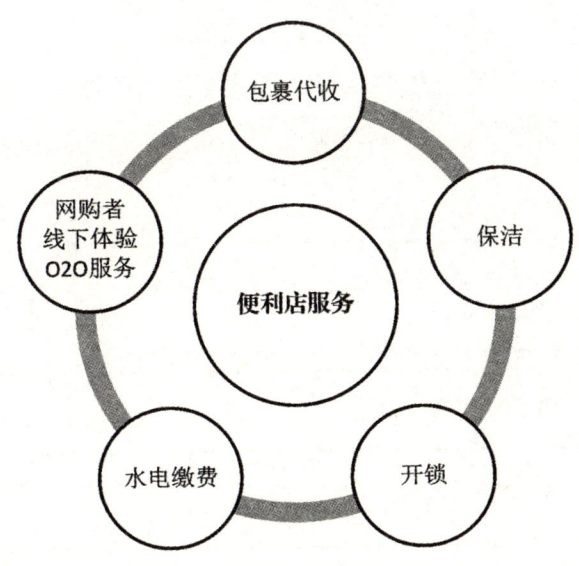

"小而美"的便利店在中国生存长达20余年的时间里,一直处于零售边缘地位。几乎在四年前便利店的地位发生了变化。寂寂无名的便利店似乎一夜之间爆发,受到各路蜂拥而至的资本、互联网大鳄的高度关注和竞相争夺,成为O2O、"互联网+"风口最抢眼的渠道终端。

由于便利店更加贴近消费者,各大电商、快递等纷纷与其携手解决用户的最后配送问题,以提升店内流量及用户的黏性。

零售业的核心竞争力在于商品与服务,"小而美"的社区业态是O2O"最后一公里"的起点,在互联网冲击下,它们在承接业务方面有着天然的优势。

在超市、大卖场、购物中心、商业综合体等热潮之后,便利店似乎正成为国内零售商业市场中一股汹涌的潮流。近年来,便利店逆势增长。根据红杉资本的数据,2015年,每一天都有至少两家新的便利店开业,行业增长速度前所未有地爆发。

所有的服务都可以通过社区服务一站式解决,"社区周边商家信息一览无余,足不出户就能享受到生鲜水果、干洗取送等上门服务,永远在你最需要时配送到家"这种现象已变成现实。

(2)利用社区智能化系统打通物业服务"最后一公里"。伴随移动互联网的快速发展,与社区智能化密不可分的可视对讲系统也迎来了新的发展契机。

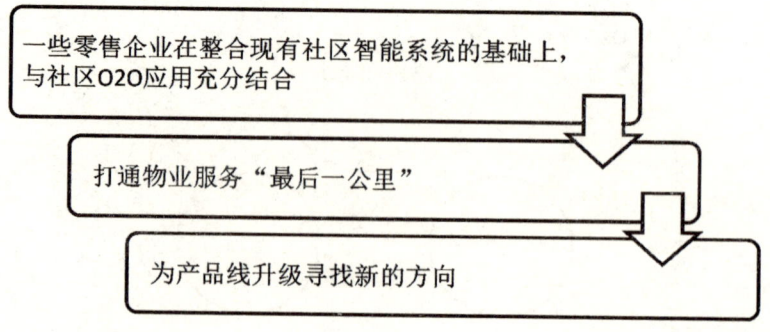

海尔为了提升社区物业管理，为社区搭建创收服务平台，设置了楼宇对讲系统。楼宇对讲系统的数字化发展使得自身系统的扩展性得到很好的发挥，也很容易和社区的其他弱电子系统相融合，比如监控系统、停车系统、一卡通系统等。

楼宇对讲系统扩展社区O2O服务不仅为物业公司搭建了一个创收的服务平台，而且也是小区物业和小区业主日常沟通与服务的渠道。

冠林通过抢占O2O入口，提供可视对讲产品。可视对讲产品作为社区用户家中的入户级设备，在抢占社区O2O入口方面占有一定的先天优势。冠林着手运用互联网技术深度优化传统的楼宇对讲产品，通过打造智能化、网络化、信息化的智能社区平台，在强化社区安防功能的同时为住户的生活提供便利，从而为住户带来全新的居住体验，改变和提升传统意义上的社区理念。

零售商在现有社区智能系统的基础上，与社区O2O应用结合，大大促进了物业服务的"最后一公里"的实现。

（3）具备痛点思维。移动互联网时代，"痛点"两个字越来越频繁地出现在大众面前。小米CEO雷军说，创业最重要的就是找到痛点，创业第一步是确定产品是什么，要解决什么样的痛点。

从消费心理学视角来看，痛点就是消费者在使用产品或者服务时产生的不满、抱怨、苦恼，是一切让人感到痛苦的接触点。

一般来说，痛点是指用户在使用产品或服务的过程中更高、更挑剔的需求没有被满足而形成的心理落差和不满，这种落差和不满会在用户心智模式中聚集成一个点，成为负面情绪爆发的原点，让用户感觉到疼。

以服务最终消费者为目的的各类实体店经营者和从业者，要具备痛点思维，要了解顾客的痛点，帮他们解决难题。

由于社区周边商家互联网改造滞后，而居民的众多服务主要集中在商圈，社区周边的商家因为众多原因不能有效进入其网站，因此，快速交付、服务闭环、消费者团购等服务一直是传统服务行业难以解决的痛点。

重庆日日月月汇翁科技股份有限公司旗下主打产品"乐赏邦"是一款社区O2O产品，它针对社区O2O的诸多痛点自建物流体系，解决"最后一公里"问题。

乐赏邦的每个合作社区中都会有一个合作团队"社区管家"，他们是驻扎在社区中的"居民"。乐赏邦O2O将线上的价格优势与线下的服务集中于一身，为消费者带来更加完善的购物体验。一些传统服务行业难以解决的痛点，在移动"互联网+"时代，被乐赏邦社区O2O生活服务解决了。

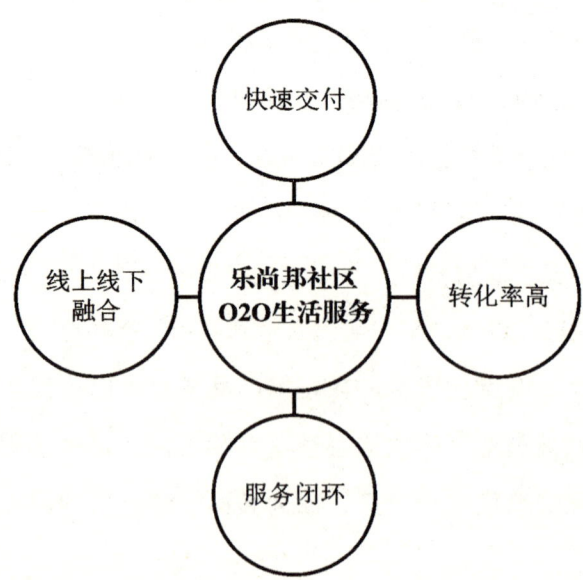

乐赏邦以"自定制配送"为核心，推出以下系列服务：

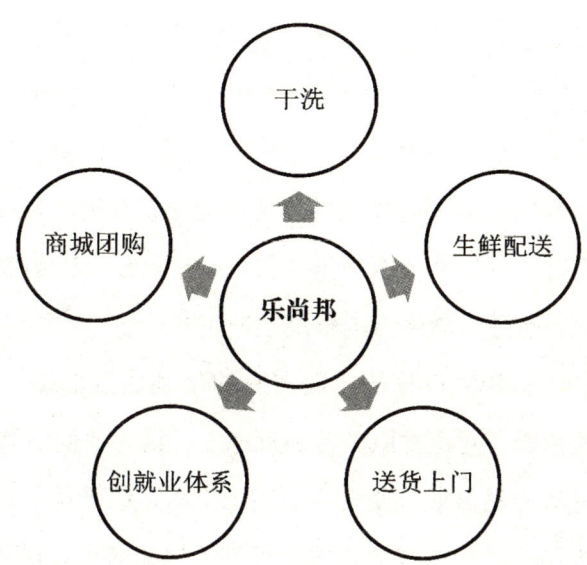

这些服务利用乐赏邦独有的社区管家体系,更好地完成"最后一公里"配送。

乐赏邦平台通过社区化、赏金模式来获取用户,赏金模式在整个链条上进行贯穿,以利益为捆绑,绑定社区商家,以消费的赏金乐趣来吸引消费者,并融入社区社交化概念,来形成用户黏度。用户出门不用带钱包,只要带上手机,在乐赏邦签约商家处消费,扫描二维码,就可完成支付。

为了充分利用商家资源,乐赏邦还建立了庞大的创就业体系,打造社区管家团队,帮助扶持创业、就业者。店铺、创业者、开店资金筹集,乐赏邦都可以一站式解决。

顾客痛点由此被疏通,顾客和商家之间建立了一种信任感,顾客就可以放心消费。

社区O2O商业是未来的发展趋势,是商家必争之地,社区生活方式也将因此发生巨大变化。

只有依靠物业服务企业,才能切实抵达社区、接触社区顾客、戳中顾客心灵深处的痛点,才能成为社区生活方式进化的引领者。

物业系统与社商系统通过社区客户黏性进行有效耦合,让社区业主在家享受五星级的便捷消费体验,并帮助物业企业提高物业服务效率、提升顾客满意度、拓展物业服务延伸价值。这就是O2O智慧平台功能设计的核心表现,也是直戳痛点的解决之道。

(4)真正落实O2O服务。现在有的便利店虽然提供送货上门服务,但是有些消费者对这种服务持怀疑态度,认为他们不靠谱。

一些消费者虽然很期待便利店的线上下单、线下送货到家的O2O模式,但他们表示曾经尝试过的几次服务都不尽如人意。送货速度慢、买东西必须关注微信平台、微信平台广告多这些都是消费者抱怨的O2O模式存在的问题。

如何让社区O2O服务真正落实?乐赏邦社区O2O平台的上线很好地把O2O服务落实了下去。在这款APP上,用户不仅可以看到自己所在社区周边商家的信息,还可以享受生鲜水果、干洗取送等上门服务,也可以和附近有共同兴趣的朋友组队一起吃喝玩乐。其服务模式可以用下图表示:

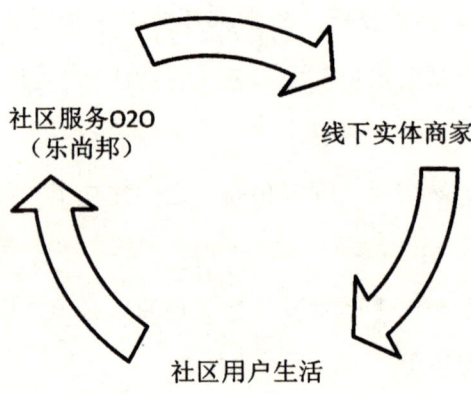

乐尚邦平台真正做到了"送货上门"。"送货上门到底是送到手上还是送到楼下"这个话题不再是买家和快递争议的话题。乐赏邦社区O2O平台解决了物流最后"半"公里问题,真正做到送货上门。

乐赏邦承诺:所有配送全部采用送货上门;社区管家的上门服务,比如干洗取、送,都按照用户的指定时间。乐赏邦推出的是"自定义"送货时间,社区管家送货上门,他们的送货时间是用户觉得"适合"的时间。乐赏邦的配送也许不是最快的,但绝对是符合用户想法的。

在"互联网+"概念的号召下,各地的社区O2O平台如雨后春笋般涌现,有不少产品运行不到半年就偃旗息鼓,其中最大的难点就是无法持续提升商户与平台的黏性,往往砸钱促销期一过就没了人气。为了解决这一难点,乐赏邦首次引入了"赏金"的概念。

乐赏邦为全球用户带来了以悬赏为核心的APP应用体验。

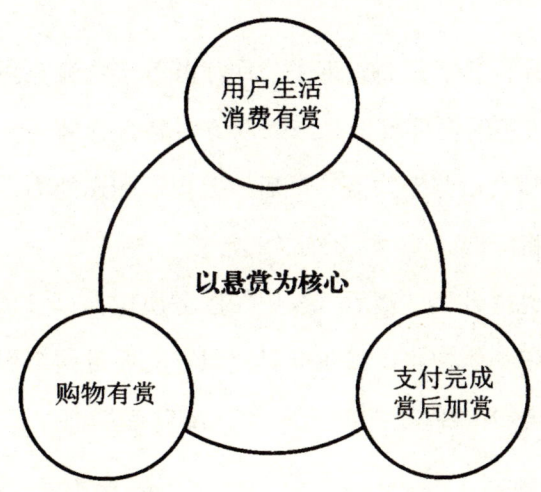

进入乐赏邦,可以精准掌握社区附近包括吃饭、娱乐、购物、洗衣洗车、美容美发等在内的商家动态,哪家在打折、哪家在抢购、哪家在促销,所有优惠信息都一目了然。

与此同时，居民可以选择与中意的商家签约，并可获得现金、礼物、折扣甚至Apple Watch等抽奖礼品。

产品是有形的，服务是无形的，它所创造出来的体验价值才是最重要的。因此，让O2O服务真正落实，在品牌进社区的过程中增大用户黏度，增强品牌体验才是重点。

◎ 物流最后一公里

零售行业进入"新零售"战略转型期后，线上平台、线下门店和物流将相互融合并最终消灭库存。零售商纷纷加入战局，在开放供应链方面，苏宁、京东和阿里巴巴旗下的菜鸟驿站致力于物流社会化开放，国美也与海尔合作实现销售共享，共建物流体系，加速物流"最后一公里"布局。

2016年12月，苏宁云商旗下子公司江苏苏宁物流有限公司收购估值42.5亿元天天快递的全部股份。未来双方将整合仓储、干线、末端等快递网络资源，整合后苏宁物流"最后一公里"配送能力、用户体验将提高，物流成本将降低。

海尔集团也提升了"最后一公里"服务质量。日日顺乐家物联科技有限公司由海尔集团孵化，海尔向其提供已有服务网络用于孵化。日日顺乐家物联能够提供优质的社区服务，反向增加海尔已有客户资源的黏性。

农村电商是阿里三大战略部署之一。阿里将依托菜鸟网络打造支撑其销售的物流网络体系。菜鸟网络为物流平台，县级以下是我国物流体系的短板，菜鸟的任务就是选择物流企业，搭建物流网络，打通农村物流的"最后一公里"。

电商巨头京东也在加紧推进农村物流的"最后一公里",依托县级服务中心实现物流体系在农村的下沉。

京东通过口碑传播、品牌宣传、会员发展、乡村推广、代客下单等形式,为消费者提供配送、安装、维修、保养、置换等全套家电一站式服务解决方案,打通农村电子商务的"最后一公里"服务,让农民与电商实现"亲密接触"。

截止到2016年11月,京东已经拥有1700余家县级服务中心,覆盖全国31个省、市、自治区的1700多个区县。

京东表示,在城市电商边际收益逐渐下降的当下,农村市场已经成为各大电商集团积极布局的领域。而物流作为农村电商的基础建设,是电商集团首先推进的部分。

事实上,物流"最后一公里"一直是电商集团战略布局的重要部分,传统零售面对电商竞争也应该积极做出反应,线上线下结合,提高服务质量、提升消费者体验,才会获得更有黏性的客户资源。在电商竞争激烈却日趋同质的背景下,服务体验,尤其是物流是否"给力"会成为用户选择商家最重要的考虑因素之一。

社交零售

现代互联网背景下,社交产品一片走红,游戏、电商、金融甚至物联网等多个领域都希望通过社交关系加强用户黏性,因此出现了各种各样的社交网络，例如图片社交、金融社交、游戏社交、音乐社交、兴趣社交等，逐渐走了向百家论道的场面。

传统零售中，交易过程本质上是单向的链状关系，零售商决定卖什么产品、提供什么服务，而消费者只能选择已经摆上货架的产品或服务，供应商也只能听从零售商的要求进行配合。

◎ 社交化零售角色转变

新零售打破了长久以来的链状零售关系，形成了各方协作参与、闭环而非链条的社交化业务模式，使得以下四个角色和作用都发生了转变：

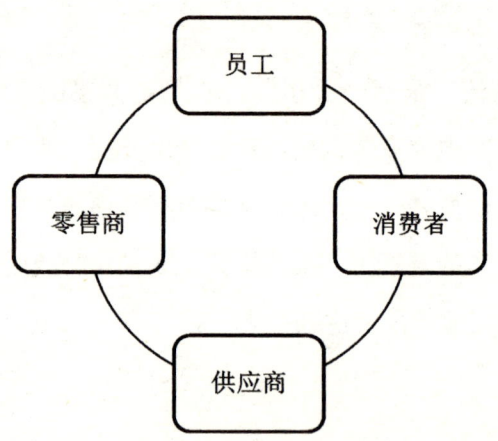

（1）在传统零售中，售卖是以零售商为核心的。零售商设计、搭建、运作、控制整个销售过程，以自我为中心开展零售业务。

在此模式下，供应商和零售商处于链条上下游关系，消费者与零售商处于甲乙方关系，员工和零售商处于雇佣关系。这些关系的共同点是关系双方的利益都此消彼长，以博弈为主，少有共赢。

第5章 服务至上,零售的人文情怀

在新零售的环境下,零售商的首要任务是构建社交化环境,不是售卖产品。以产品为中心聚集有共同的、鲜明的"身份"特征的消费者,完成价值传递的过程。零售商和其他三方的关系不再是从属或挟制的关系。

零售商要具备强大的资源整合、组织能力。在这方面,属于平台型零售企业的阿里具有天然的优势。作为组织者,阿里平台上消费者、供应商、经销商等以开放、分享、联合、整合的信息合作方式实现了各方价值的共赢。

(2)传统零售模式中,消费者表达意愿和需求的途径非常狭窄,对产品和服务的意见很难收到回应。零售商了解消费者需求的方式大多数是抽样调研,根据粗略的聚类分析决定卖什么商品、卖多少。

消费者只能在这些通用产品中进行选择,被排斥在价值创造之外。

在新零售模式下,消费者不应该被排斥在外。零售商应该以精细化的数据收集与分析,得出消费者需求作为依据布置产品和服务。在场景交互中,流程如下:

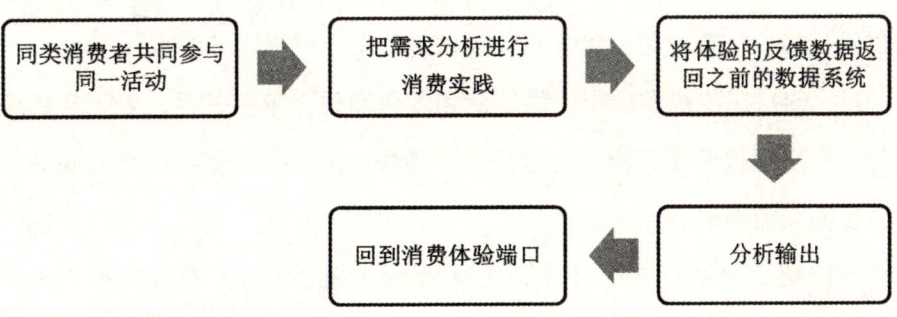

这种消费者参与模式始终是围绕消费者需求闭环。阿里的喵街、万达的非凡,本质上都承担了消费者信息中枢的作用,一端链接消费者需求,另一端综合化分析输出到各消费体验端口,始终在促进这个消费需

求内生闭环的正常运行。

（3）传统零售对员工的管理都是按照组织划分和职责分配，这些对员工在信息共享、知识管理、创新协作等方面都制造了障碍。

新零售时代，对员工的管理应当借鉴互联网管理模式，以去中心化、人人都是中心的管理模式激发员工创新热情。

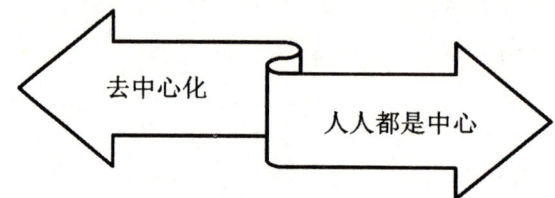

通过分析员工在社交化场景中的表现，鼓励员工根据自己的兴趣和工作目标，主导以产品为中心的场景建设，把每一个员工打造成价值创新的实践者，而不单单是卖产品的售货员。

电商借助互联网，在员工创新价值实现上具有很大的优势。像天猫和京东，其员工在创新协同上都已经足够满足新零售的需求。

线下传统零售店应该鼓励员工在场景的布置上自主负责，把员工从售货员角色打造成与消费者充分互动的玩家，把门店"体验"落地。

（4）在传统零售中，供应商和零售商是上下游关系，处于从属地位。供应商按照零售商的要求提供产品和服务等，和最终消费者间缺乏直接的交流渠道。

传统零售商应该通过社交场景为供应商提供与消费者直接交流的渠道。通过场景互动，供应商收集更丰富的信息，依此决定生产什么产品、生产多少，改变"听之任之"的供应状况。

社交化模式的作用如下图所示：

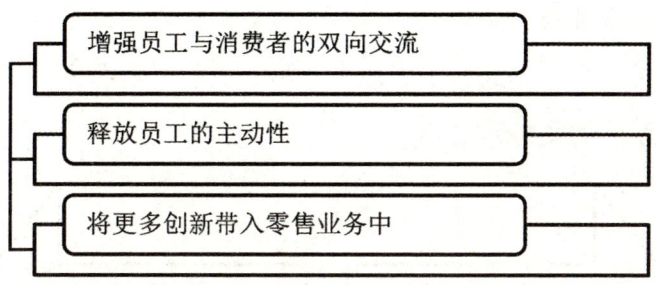

社交化业务模式能够使消费者和供应商的关系不再那么遥远，供应商的研发、生产及供货可以更有依据和针对性，最终与零售商、消费者共赢。

例如京东与美的的深度电子数据交换协议，通过精准的客户购买需求分析预估购买量，使供应商生产与消费者需求直接打通，产品、产量按需提供，美的、京东、消费者三方都获得了应有的价值。

综上，可以看出新零售社交化业务模式盈利的本质如下图所示：

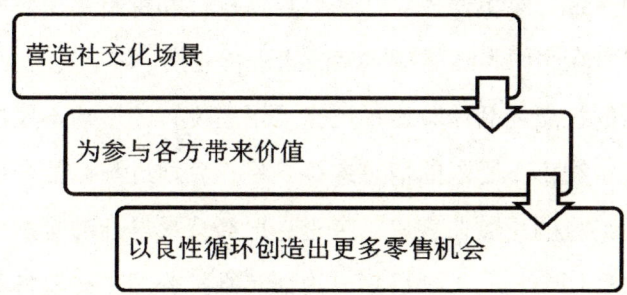

◎ 社交下的情怀

社交零售是通过信任、通过情怀、通过温度和立体价值、通过客户的终身价值，把身边有情感纽带的客户连接到零售。

星巴克推出社交礼品，用户打开微信钱包，可以看到星巴克与美团、58、京东等服务并列于"第三方服务"一栏中,下方还用小字标注"限时推广"。进入星巴克服务之后,就能看到名为"星巴克用星说"的服务,有两类产品:

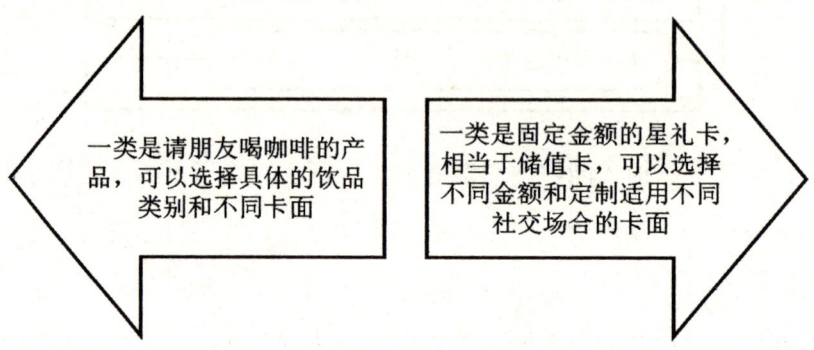

一类是请朋友喝咖啡的产品,可以选择具体的饮品类别和不同卡面

一类是固定金额的星礼卡,相当于储值卡,可以选择不同金额和定制适用不同社交场合的卡面

购买对应产品之后进入祝福语填写界面,接着会弹出选择好友界面,好友收到之后就像抢红包一样领取,如果不领取则会在24小时内退回到用户卡包之中。除了微信钱包菜单,还可通过"星巴克中国"官方微信的"用星说"菜单使用。这些心意与祝福都将留存在对方的微信账户中,随时可在中国大陆的星巴克门店进行兑换。

对于新的社交礼品体验,星巴克"用星说"传递的不仅仅是一杯咖啡,而是线上线下不受限的情感连接。星巴克通过与微信合作,打礼物情结牌,最终目的是黏住客户。星巴克已经从最早开咖啡的公司,继而演变为连锁餐饮公司,再到后来成为情感维护公司,即以各种互联形式黏合客户,成为流量的一个入口。

社交零售是一种趋势,它把用户和零售商联合起来,有更高的利润、更低的成本、更高的效率,把个性化的供给和个性化的终端进行一个有效的连接,让利于消费者,让利于行业从业者,社会化零售基于信任的背书不需要更多的成本,高效地将个性化的需求和个性化的供给进行精准完美的对接,这非常符合未来的发展趋势。

◎ 社交下的新机遇

新零售的社交化为零售业的产品供需、企业合作、宣传推广等提供了新的机会和路径。

消费者通过场景交互，直接参与到零售商的产品和服务交付过程，消费者既是产品的需求者，本质上又是产品的研发者、生产者、传播者等，这使得供货形式变得很有针对性，极大地提高了规模化供货的市场命中率，降低了满足个性化需求的成本。

新零售的社交化业务模式，开创了零售商、供应商、相关供应商三者的新型协作关系，促成了产业协作共赢生态系统的形成。

零售商以组织者的角色将不同行业的供应商通过社交化场景聚集起来进行社交化协作，分享信息、协同资源、共同创新，为消费者带来个性化的产品和服务。

在交互中，供应商之间可通过协作，实现优势互补、共同发展。例如万达把综合业态中需求相关的产品服务通过飞凡推向消费者，这些业态之间又通过沟通的关系提升相互的推售成功率，让被组织的各供应商之间实现了有效的协作。

社交化业务不仅要求零售商，还需要供应商思考在未来的零售布局中，如何定位自身在零售场景社交化协作中的位置，以取得新的发展。

在电商、互联网的冲击下，实体零售行业的唯一优势就是消费者购物时所带来的社交体验。新零售以社交化业务模式构建的场景，帮助不同来源的消费者建立了聚类的社交关系。

零售商对基于同一爱好的聚类社交关系的期望表现在以下两个方面：

> 进店的同质消费者间相互沟通，可以提升为产品或服务提供建议的质量和准确度

> 每个成功的场景构建虽然只影响了前来购物的一批人，但背后却是基于同一兴趣的社会人群，带来的宣传针对性和广度是无限的

这一变革带来的影响是双重的。零售商必须慎重考虑其产品和服务组合场景的搭建，因为负面效应的传播也是广泛的、有针对性的。

总之，社交化零售不是社交化营销，而是一种全新的业务模式。零售商不能再把自己仅仅定位于销售产品的售货员，而应该成为整合资源、打造社交化业务生态、迎接变革的多方共赢组织者。

92%的成交都通过情感交流达成

美国著名心理学家尼尔·雷克汉姆的著作里，有这样一段话："实践证明，顾客与商家的关系一直是经营中很重要的因素。而在同质产品的经营中，关系变得更重要，因为当产品间不存在差异时，那么关系就成了一种区别。"

通过这段话，实体店商家应该知道这样一个事实：不管经营什么样的产品，与顾客之间的情感交流是必不可少的。与顾客建立情谊，并让他们在情感上对我们产生信赖感、依赖感和安全感，这是现在实体店经营取胜的法宝。

在产品差异化日益缩小的今天，顾客更愿意到那些自己喜欢的商

家消费。所以，商家经营业绩的好坏并不完全是由产品或服务品质决定的。与顾客进行情感交流，在情感上和顾客产生共鸣，这样就能与顾客建立良好的合作关系，并进一步形成牢固的商业情谊。

对此，有人专门在一家零售店做过关于成交率的调查，以下是进行调查的统计表：

日期	进店人数	成交单数	成交率	备注
2015年6月3日	25	6	24%	成交率=成交单数/进店人数
2015年6月4日	32	8	25%	
2015年6月5日	18	4	22%	
2015年6月6日	42	12	28%	
……	……	……	……	

通过上面的统计表，可以清晰的知道：第一次进店就达成交易的顾客比例很低，这就说明大部分的顾客都通过情感交流达成的。

所以，商家在经营店铺时，要不断掌握与顾客进行情感交流的方法和技巧，这是做好服务创出业绩的首要条件。

那么，如何才能与顾客进行有效的情感交流呢？与顾客进行有效的情感交流的方法主要有三种，用流程图归纳如下图所示：

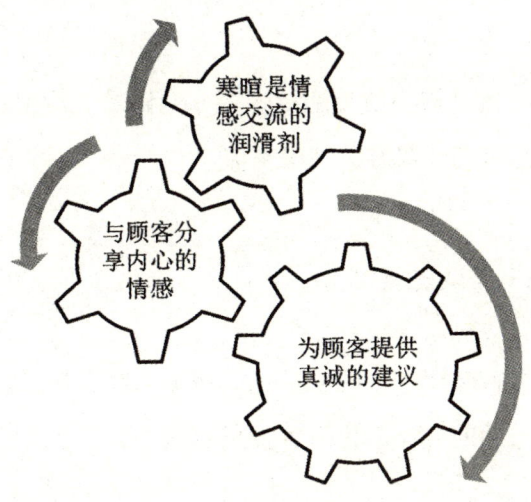

为了让商家更好地运用这三个技巧,接下来将对它们一一进行解读。

◎ 寒暄是情感交流的润滑剂

语言是情感交流的媒介,尤其是在面对彼此不太熟悉的顾客时,就更需要语言交流。而寒暄就是这种情感交流的润滑剂,是一门人际交往的艺术。得体恰当的寒暄能让顾客感到轻松与温暖,营造出热情和谐、友善真诚的气氛,建立彼此可信赖的关系,有利于销售产品的顺利进行。

而不当的寒暄却会让人感到虚伪、疑惑。所以,商家在与顾客进行情感交流时,要学会与顾客进行恰当的寒暄,取得顾客的信任与支持。

◎ 与顾客分享内心的情感

情感交流是一个双方互动的过程,有所表达才会得到回应。所以,商家要学会与顾客分享内心的情感,尤其是积极的情感,更能得到顾客积极的回应。将自己的心情传递给顾客,无论是生活中还是工作中的,讲给顾客听,都有利于双方的情感交流。

◎ 为顾客提供真诚的建议

为顾客着想,站在顾客的立场上真诚地为顾客提供建议,才能获得顾客的认可和长期的合作。为顾客提供真诚的建议,商家的生意才有可能拥有源源不断的回头客。

令人感到遗憾的是,经常有些商家为了追求一时的销售额,不考虑顾客的实际情况,误导顾客买一些并不需要的产品,而这样的商家的生意也只能做这一次。

商家的目的是为顾客带来他们真正需要的产品,并从中获得利益。因此商家要做到:

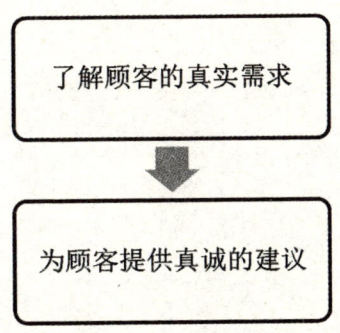

与顾客进行情感交流并不难办,就是行动起来,积极沟通。

第6章 粉丝！粉丝！线下零售店撬动粉丝经济

在互联网时代，粉丝经济日渐蓬勃。如今，想做点什么事，若是没有粉丝，恐怕都不敢理直气壮地下手。电影票房靠粉丝、唱片销量靠粉丝、明星人气靠粉丝，连写本书要想畅销也得靠粉丝……粉丝身上蕴含着巨大的能量，影视、文学、娱乐等多个行业在他们的推动下前进，一条产值丰厚的粉丝产业链正在形成。线下零售亦是如此，在互联网时代，经营好粉丝尤为重要。

互联网时代下的零售粉丝经济

粉丝经济泛指架构在粉丝和被关注者关系之上的经营性创收行为，是一种通过提升用户黏性并以口碑营销形式获取经济利益与社会效益的商业运作模式。

以前，被关注者多为明星、偶像和行业名人等，现在，互联网突破了时间、空间上的束缚，粉丝经济被宽泛地应用于文化娱乐、销售商品、提供服务等众多领域。

"粉丝"一词伴随着偶像产生，已存在多年，又因互联网的快速发展而有了新的内涵：如今，即使不追明星名人，只要关注一个微博、一个微信公众号或者一家网店，就成了他们的"粉丝"。

"粉丝"群体的出现不仅是社会现象，更是经济现象。

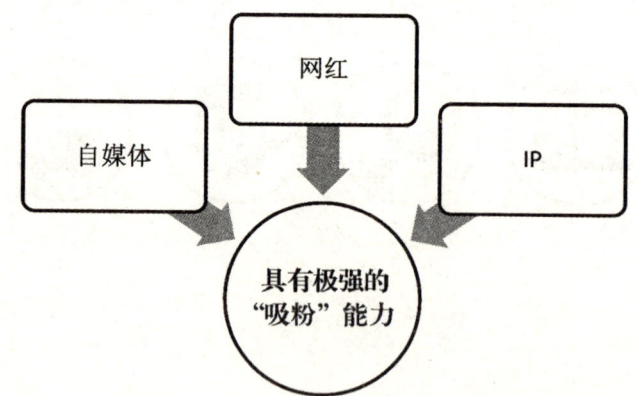

商家借助一定的平台，通过某个兴趣点聚集朋友圈、粉丝圈，给粉丝用户提供多样化、个性化的商品和服务，最终转化成消费，实现盈利。

古有"挟天子以令诸侯",今有"携大咖以吸引眼球"。当下是粉丝经济时代,似乎谁掌握了粉丝,谁就掌握了这个时代。因此各大品牌开始争相"攀附"拥有大量粉丝的大咖或IP,希望提高品牌知名度,并将其转化为经济效益。

零售店要意识到粉丝经济和互联网的关系,粉丝越多,零售店产品或服务就会被越多人知道,知名度也会越大,那么产品或服务就会越来越受欢迎。零售店可以线下线上相结合打造互联网时代下的粉丝经济。

一定意义上说,粉丝经济是"实物+虚拟"消费体验的升级。零售店若想优雅地让"粉丝"掏腰包,就需要以质量过硬的实体产品或服务建立起产品与客户的关系,用户在体验了与产品之间的互动之后回归到产品本身,留下的最后印象便是实体店在目标群体中树立的口碑。

在目标群体因口碑而成为实体店粉丝后,下一步需要建立起粉丝与实体店互通的社群平台,O2O模式则是最适合粉丝经济大展身手的商业平台。

让粉丝乐意掏腰包的不仅是产品和服务,还有消费者的心理需求的满足。对于零售店来说,心理需求的满足不仅需要质量好的产品或服务,还需要契合粉丝痛点的高品质生活体验。

因此零售店在粉丝经济中,要做到以下几点:

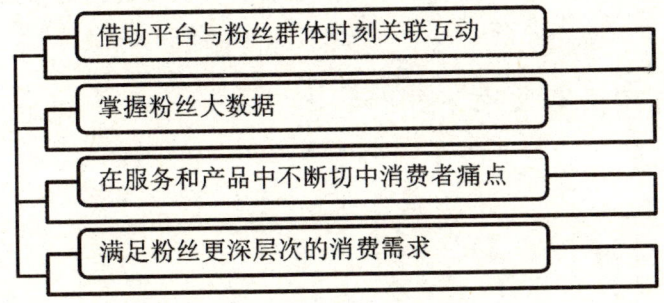

◎ 零售的IP经济

在互联网时代，粉丝经济正在成为一个新风口，IP经济无疑就是粉丝经济"钱景"最直接的体现。IP指具有一定影响力的品牌形象等知识产权，通过IP授权或贩卖可以获得巨大的市场盈利。IP经济的作用可用下图表示：

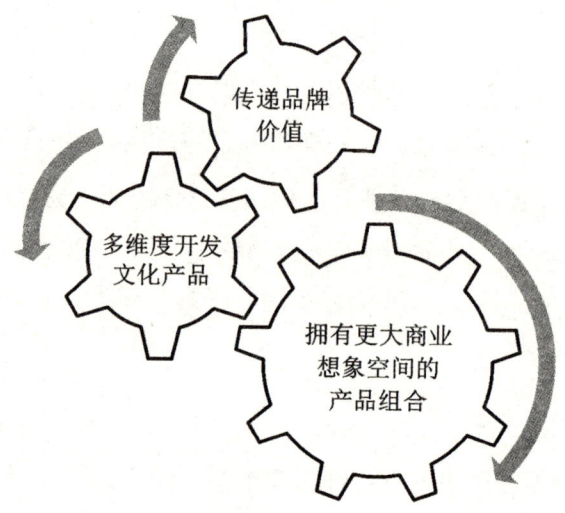

伴随着消费者需求发生转变与互联网经济的快速发展，IP主题营销已占据营销活动的半壁江山，用IP主题元素带动营销已是体验消费的大势所趋。

IP形式有很多种，如下图所示：

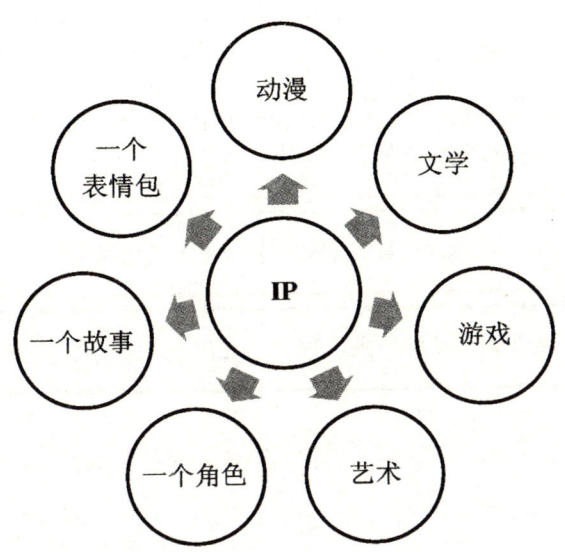

例如上海大悦城，独树一帜的"爱情主题"定位与标志性建筑摩天轮SKY RING使大悦城成为上海的爱情地标。Line Friends，Juice等超级IP的引入还使大悦城实现线上线下的流量变现与商业跨界。《魔兽》展等高密度的IP运营类展览更帮助其轻松实现客流与营业额的双赢——客流同比增长143%，营业额增长15%。

IP营销可让消费者在购物过程中找到更强的认同感和归属感，从而增加消费者黏性。比如上海港汇恒隆广场，在迪士尼试运营期间，针对亲子家庭以及年轻群体举办了"上海迪士尼度假区主题巡展"。展览通过主题陈列、多媒体演示、舞台表演及与迪士尼明星互动等多种形式，立体呈现出上海迪士尼度假区的创意细节。

◎ 传统品牌与IP经济的碰撞

粉丝经济的坚实基础是：

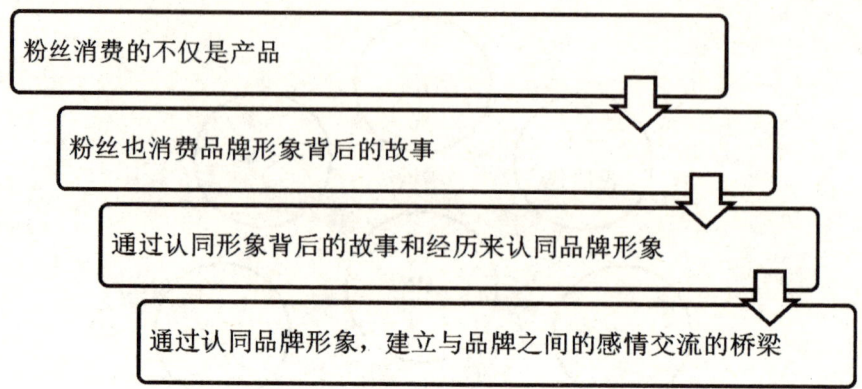

在《Candy Industry》发布的2017年全球100强糖果零食公司排行榜中，中国有6个品牌进入前三十。除了旺旺、喜之郎属于传统品牌，进入榜单的良品铺子和三只松鼠都是新兴的休闲食品品牌。

传统品牌虽然份额巨大，但背后危机重重。就旺旺来讲，已经连续三年遭遇销售额、利润额双下滑的困境。与因为"IP"大热的三只松鼠、M豆等品牌相比，旺旺遇冷的原因被认为是缺乏"粉丝经济"思维。

与同期出现的喜之郎、水晶之恋等食品品牌相比较，"旺仔"的品牌形象更具国民性，它们都是可供开发的经典"IP"。但是能够利用"IP"变现的品牌却少之又少，大多集中于年轻的新兴品牌。

两年前在上海南京路开业的M豆巧克力世界，属于玛氏集团投放的典型"IP"化体验店。在M豆800平方米的门店中，随处可见各种拟人化的M豆形象玩偶，吸引消费者拍照分享。除了销售M豆之外，门店中还陈列有瓷器、抱枕、服装、玩具、文具等多个品类。

据悉，M豆巧克力世界每周的客流量平均在13万左右，而马克杯、背包等周边品类已经成为近年来玛氏集团在美国市场获得增长的主力军。

三只松鼠借鉴了M豆巧克力的创意,开设了线下体验店。三只松鼠线上销售的利润足以支撑起线下门店的运营,其开店成本等同于投放活体广告的成本,目的是使品牌形象深入人心,让消费者熟知。

三只松鼠把自身当做一个明星来打造,这贴合了当前顾客追求"新奇特"商品的消费心理。一个成功的"IP"化品牌,可以使零食专业店从跟随潮流过渡到引领潮流。例如,三只松鼠2016年先后在《欢乐颂》《好先生》《微微一笑很倾城》等热门电视剧中投放植入广告,使得三只松鼠的女性用户比例从55%上升至72%,并且在半年时间内就达到了2015年的全年销量。

三只松鼠不仅卖产品,也制造内容,其内容本身也是三只松鼠另一种形式的产品。"三只松鼠"这个IP的最大优势,就是它的多样性,它不仅仅是一个农产品企业、一家互联网企业,它可能是一个文化产业、一家动漫企业。那么,三只松鼠这个IP到底讲述了什么样的故事呢?其实就是关于松鼠陪伴主人的故事,做的所有事情都是围绕这个故事来展开的。

三只松鼠经营的本质是:

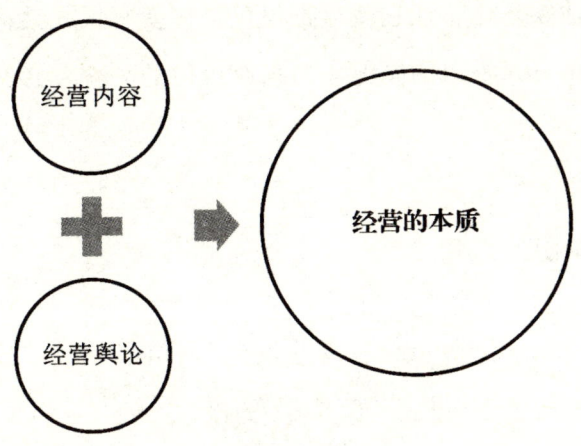

围绕"三只松鼠"这个超级IP，持续制造内容以及开发周边，比如三只松鼠在制作一些动漫、动漫剧，与奥非动漫这样的动漫产业实现跨界融合，来带动"三只松鼠"IP的不断升级。

2015年"双十一"，三只松鼠推出的广告片，找的是好莱坞后期团队做的动画和3D模型。三只松鼠是活生生的三只松鼠，而且是两男一女，这本身就很有故事的拓展性。

同时，三只松鼠也在涉足动漫产业链的上游，筹备一些动漫大电影，对儿童喜欢的一些动漫书籍、插画、绘本，后期都会涉足。

有人也许会问，动漫不是为了取悦儿童吗？难道三只松鼠的目标消费群是儿童吗？这不会和三只松鼠原有的白领女性消费群体的定位相悖吗？其实，儿童能够影响到父母的决策。

儿童相当于三只松鼠蓝海，可以去拓展一些消费群。三只松鼠的微信后台上经常会有很多小孩，也许是他们拿着父母的手机，会叫"松鼠松鼠你好"，感觉声音特别萌。这样，三只松鼠的主流消费群就不仅仅局限于年轻的女性白领。

因为三只松鼠这样的IP，本身有特别的天然内容属性，所以把这些东西真正地娱乐化，让它变得不仅仅是售卖坚果。某种意义上，卖坚果可能只是三只松鼠的副业。未来有价值的品牌，必然也是有故事的品牌。

◎ 充分发挥粉丝力量

2015年7月，互联网女装品牌茵曼在广州宣布启动"千城万店"项目。品牌创始人方建华推出"茵曼+"的概念。

第6章 粉丝！粉丝！线下零售店撬动粉丝经济

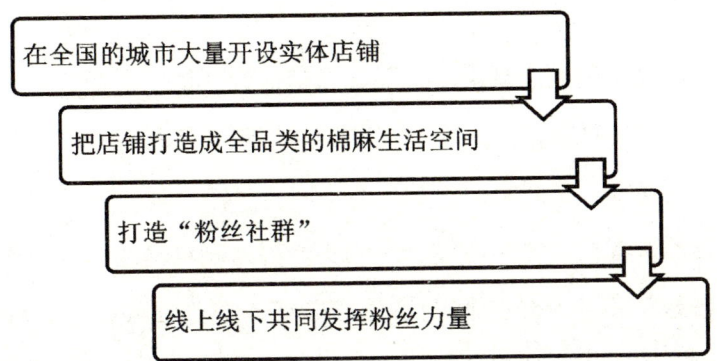

不同于传统服装品牌实体店，茵曼线下实体店更看重粉丝的经营和服务。"茵曼+"是从单一的女装品牌，向鞋子、箱包、配饰、童装、家具等品类扩充，它的生产运营销售线上线下同步，品牌的粉丝与粉丝之间的社群相互融通。主要通过以下三个措施实现：

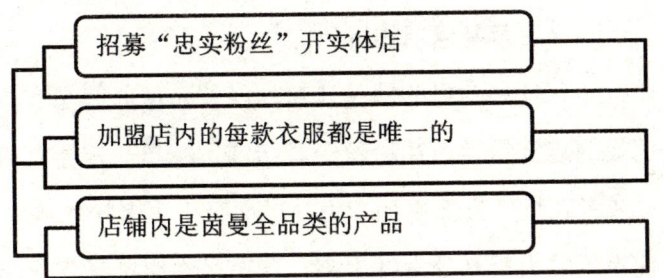

茵曼招募"忠粉"来开实体店，店主粉丝不需要大量进货，茵曼会配送样品到店中，15%左右是推荐陈列款，还有85%是店主根据当地需求去选配。

茵曼加盟店铺内每款衣服都是唯一的，服装吊牌上有二维码，只有扫码才能获知价格。衣服的款式、价格线上线下同步更新，消费者可以选择现金支付或手机支付。支付完成后，可以选择现场带走商品，或由茵曼直接配送到家中。

如果店内商品被顾客买走，店主可以通过茵曼物流系统快速完成补货。

整个店面是茵曼全品类的产品，营造成慢生活"茵曼家"的感觉。空间陈列的每一件商品，甚至包括衣架、摆设，都可以售卖，粉丝完全可以把"茵曼家"带回家。

只要消费者在实体店有过一次购买行为，就自动成为"粉丝"，未来该"粉丝"不管是继续回到实体店购买，还是在线购买，作为第一次"引流"的实体店都能从中获得相应的提成。粉丝也可依照店主的服务满意度来选择是否解除绑定。

店主吸引更多的人进店，并认可店铺的服务，绑定的粉丝越多，收益必然越多。茵曼把产品交易过程变成了粉丝交易过程，这颠覆了传统店铺的理念。而对于店主而言，与传统加盟店不同的是，其赚的不是价差，而是粉丝购物后茵曼返现的折扣。

"千城万店"计划的目的就是让粉丝经营粉丝。茵曼实体店的老板几乎都是茵曼的忠实粉丝，让粉丝经营店铺，粉丝一定会对茵曼的产品爱不释手，或者在推广方面更加卖力，进而吸引更多粉丝。

茵曼使粉丝的力量充分发挥出来，让茵曼在服饰类零售店中获得较大的市场空间。

打造产品自身吸引力

"粉丝经济"，字面上看，其实是对粉丝进行群体变现的商业解决方案。因为认同A，所以消费与A相关的产品。因为"认同"而产生一种强烈的情感归属和某种崇拜心理,这是粉丝的心理基础。

粉丝从"被崇拜者"身上获得某种精神力量,来满足自身的精神需要,这是诱发崇拜心理的原因。粉丝买的不仅仅是产品,追求的是更深层次精神层面的需求,"粉丝经济"则是人群崇拜产生的经济衍生效益。

传统零售市场上绝大多数品牌所提供的具体产品和服务,满足的仅仅是生理层面的需求,是人的最基本需求,它位于人的需求的最底层,也就是用户对产品功能的具体需要。

所以,零售企业要形成真正的粉丝效应,至少要做到以下两点:

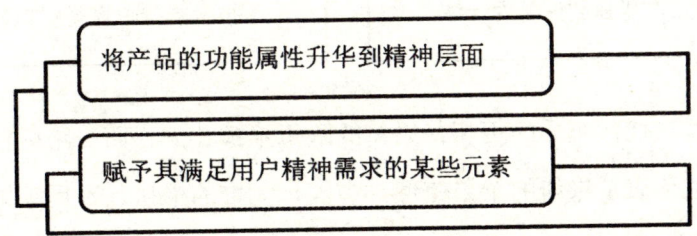

在互联网时代,谁拥有大量的粉丝,谁就更容易获得成功。对零售店而言,粉丝拥有无穷的力量,能产生很大的影响力。

苹果的经验策略很成功,在各国培养了一大批"果粉",中国就占了很大一部分。果粉的存在,不仅仅是因为苹果提供了最好的产品体验,还因为苹果产品本身代表了某种流行元素。

苹果高要求的工业设计,带来了一种优秀的感官体验。这种体验拥有市场主流产品所普遍缺乏的感官美,使得用户对苹果产品不限于具体的功能属性层面,而是在某种意义上升华到了审美层面。

"审美"又是精神体验的入口。因为人绝大多数精神体验是需要通过"审美"这个前置环节来启动的。因此用户对苹果的情感,来自于对产品审美产生的美学认同,满足的是用户心理层面对美的追求。

所以，果粉对苹果的崇拜是有一种美学崇拜的成分存在，而"美学认同"作为流行文化的核心因素，是苹果品牌之所以能成为流行元素的重要原因。

除了美学因素，在智能机开始出现的时候，苹果成了其中的先驱者，各项技术领先于其他品牌很多，研发、经营、技术都堪称一流，这也是果粉数量众多的原因。

外表美观大方，界面操作人性化又不失流畅，App Store功能更是将其商业性和独创性融为一体	完善体贴的售后服务，每个零售店的Genius Bar都给买家提供到位的技术支持，赢得了口碑

随着一代代苹果的更新，果粉的队伍不断壮大，而一路标榜的"高逼格"也代表了果粉的苹果信仰。中国一大堆的果粉，不用苹果，就感觉有问题。以Iphone6S的发布上市为例，作为苹果下一代的旗舰机，吸引了众多人的眼球。几天一个曝光，过几天再爆出一个真机图，在国内频繁出现。

为什么会有这么多的人愿意爆料苹果手机？究其原因是粉丝愿意看，粉丝想先睹为快。中国有很多果粉，他们希望并喜欢看到这些。

乔布斯培养了一大批忠实的粉丝，让他们自愿为其呐喊摇旗。乔布斯将粉丝经济玩得炉火纯青，苹果并没有宣布发售哪款新机，但是粉丝们早就为其自觉地造好势。其实，苹果在某个阶段有过这样一种形象，即"苹果=乔布斯"。果粉购买产品，潜意识中将产品视为乔布斯的化身，因此买的是情结而不仅是产品。这一定程度上表现为果粉对乔布斯的崇拜心理，渐渐地体现在其消费行为上。

很多粉丝对苹果的信仰从来没有变过，以前怎么疯狂现在还怎么疯狂。原因是什么？说到底，是因为苹果手机的产品价值和创新，还有服务，这个价值不只是易用性、丰富的APP和多样的功能，还有强大的软件和更新服务。

国产手机很多时候在"山寨"苹果的样式和功能，少了一种自己独特的创新。即使有一些创新，只是修修补补，跟苹果定义性和标杆性的创新有质的区别。苹果的经验告诉我们：

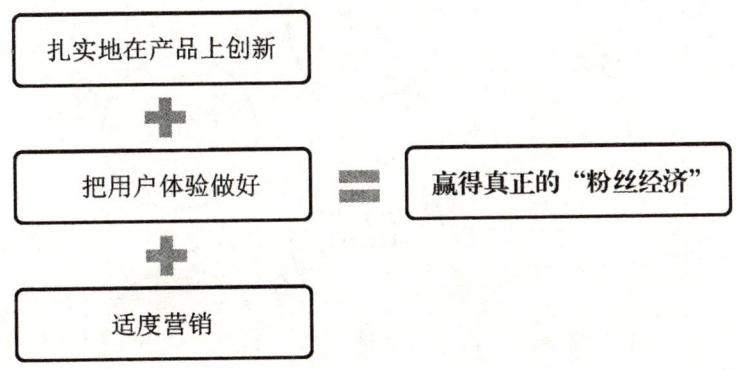

苹果公司自己从来不提粉丝经济，也没有粉丝营销，但是它却一直以来成为各路奉行粉丝经济的企业的参照对象。或许，它自身的存在就是粉丝经济的本源吧。

充分利用社交媒体

没有任何其他媒体像社交媒体那样，能够迅速而又节约成本地让消费者积极为某个品牌出谋划策，或帮助开发他们需要的产品。社交媒体不再只是交流的平台。它能够与数字或实体销售渠道结合，从而发挥出最大的效益，创造出新的营收增长点。

在碎片化、去中心化的移动互联网时代，没有粉丝的品牌，基本是要面临淘汰的。小米可以说是粉丝经济的代表品牌，品牌、产品、粉丝、微创新、饥饿营销等都与小米的粉丝经济挂钩。其中社交媒体的运用不得不说是小米粉丝经济中的一个"圈粉利器"。

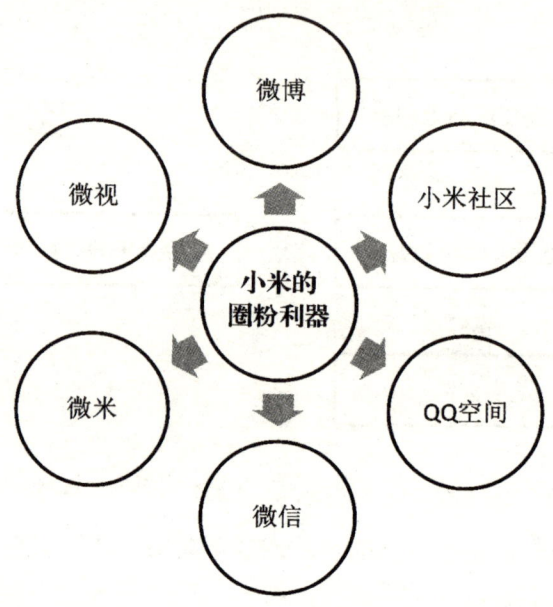

现在用微博的人越来越多，可以畅所欲言，不用顾忌什么，而且在微博上可以关注很多大V大佬。目前只有微博才能够最直接地接触到这些大V大佬，其他社交工具几乎没有能够替代这个需求的。

而且发生重大事件的时候，大家第一时间会选择上微博，所以微博正被越来越多的人使用，成为普通用户的社交媒体，一个报道热点新闻的社交媒体。

小米创始人雷军，拥有微博粉丝1471多万，在两年前粉丝数还是800多万，数量在成倍增加。雷军每天至少发一条微博，内容90%都是围绕小米。

小米手机的官方微博，拥有1569多万粉丝，比雷军的粉丝要多，可见粉丝对于小米的关注度，而且粉丝数量在持续增加。

同时雷军和小米在腾讯微博上也有一批粉丝。这些粉丝加起来大约有6千万，去掉僵尸粉和重复粉丝，也是千万级别。

所以雷军依托微博这个主战场，第一时间把小米的产品，品牌等等信息可以很快速传递给粉丝，同时也不断增加新的粉丝。有了这么多粉丝，只要产品不太糟糕，就不怕卖不出去。何况小米手机有自己产品亮点，有自己的优点和卖点。

小米社区（www.xiaomi.cn）的ALEXA排名是646位，大约86%的流量都是小米论坛贡献的。这里聚集了大量的手机发烧友，随便一个帖子都有几百几千的回复和上万的浏览量，可以说是国内最火的手机论坛之一。

很多人觉得论坛没落了，其实垂直论坛是非常有价值的社交工具，因为论坛具有以下几大优势：

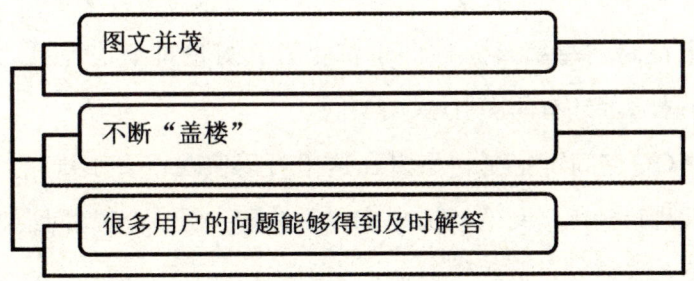

暂时来说还没有很好的社交工具能够取代垂直论坛，否则微信也不会推微论坛了。雷军用小米论坛这个"自留地"把一批铁杆粉丝圈了进来，让他们不断给自己的产品提出改进意见，可以获取大量的用户反馈信息。同时也让用户觉得自己是主人，给他们"家"的感觉。

QQ空间是一个有意思的社交工具，大部分的大网站和厂商都不怎

么重视,但是小米在QQ空间聚集了大量的粉丝。小米的QQ空间具有以下三大特点:

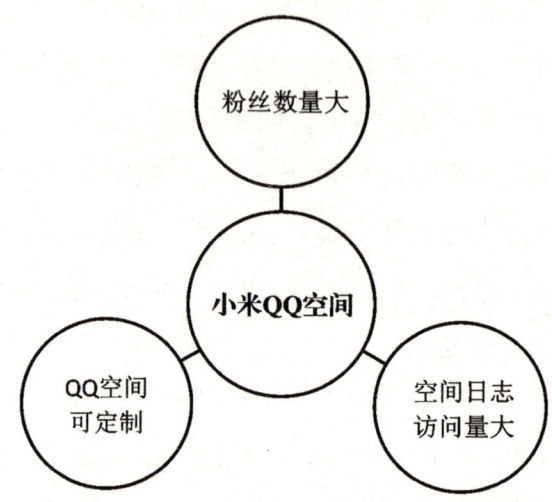

小米的QQ空间有2818万的粉丝,是目前企业QQ认证空间中最大的粉丝社区。空间粉丝每天会更新"说说",基本上每条"说说"的转发率都有成千上万,这个转发率有时会远远超过微博的转发率。

小米空间的每篇日志访问量都上万,好的能够有十几万甚至几十万。小米曾经还有两次引爆QQ空间。

同时QQ空间可定制,用户在这里可以实现很多小米网站上的功能,最后跳转到小米网站。从ALEXA的分析上看,QQ空间给小米网站带去了很多流量。

国内大部分网站和大品牌基本上没有真正重视过QQ空间,实际上QQ空间应该是非常有价值的社交工具。因为大部分20~40岁的人,用QQ都有10多年的历史,黏度是非常大的。如果能够真正把QQ空间用好,QQ空间对垂直网站或者垂直电商圈粉是非常好的社交工具。

雷军在微信上开了订阅公众号,不过没有做到每天更新。雷军微信公众号上的文章基本都是原创，如果不是专门做自媒体，要保持每天原创非常难。

微信是用户订阅，被动接受信息，如果不经常更新文章，就会缺少和用户的互动，用户也不会转发，那么增加粉丝数量就不容易。

小米手机、小米电商、小米路由器等在微信上都设立了服务号，基本能够实现在网站上设置的功能。从小米手机3面世之后，小米开始在服务号上做预订手机的活动，反响非常不错。

不管是微信订阅号和服务号都查不到详细的粉丝数，不过从更新量和功能来说，雷军在微信上的活动没有微博上多，微信这个战场，小米还有待加强。

对于手机厂商来说，也许微信是一个非常好的圈粉工具，厂商可以推广自己的品牌，比如之前的VIVO Xplay3S在微信上0.35秒卖出1000台手机，他们前期就在微信公众号、朋友圈做了大量的预热和圈粉工作。

除了以上社交工具，小米在微米、微视、来往等软件上也有自己的阵地。

雷军几乎用了所有的社交工具来圈小米的粉丝，不过重点还是在微博、QQ空间和论坛上。用波士顿矩阵法对小米圈粉所使用的社交工具进行划分的话，微博、QQ空间和论坛是小米圈粉的现金牛，微信是小米圈粉的明星产品。

其他零售商也许能够从小米所使用的社交工具中找到适合自己的工具，把自己的粉丝圈起来，在粉丝经济中才不会被淘汰。

除了上述微博、微信、论坛，其他国际性社交媒体也发挥着巨大作用。

作为最大的社交商务平台，Facebook仍然在不断扩大其领先优势。Facebook在社交推荐流量中所占份额达到50%，在社交营收中所占份额达到64%。Facebook网站不断变化的人口统计数据会让比较年长的消费者成为使用Facebook平台的零售商最关注的目标群体，进而使他们成为产品的忠实粉丝。

尽管用户群相对较小，但是Pinterest已经成为一个重要的社交商务平台。它在社交营收中所占份额达到了16%，在零售商文章中添加新的购物和互动按钮之后，Pinterest在推荐流量和社交营收上面为品牌商作出的贡献比Twitter更大。

Twitter在大众市场商家中的影响力正在慢慢流逝，但它在体育和事件营销尤其是地区性推广活动中还有一定的影响力。不少NFL和NBA球队都开始利用Twitter销售门票和各种商品。

Instagram并没有带动零售商营收的大幅增长，但是很多高端企业一直在利用这个平台推广品牌。在付费内容中添加购物按钮，以及提高关联能力会让这款应用在直接带动销售额增长上面发挥出更加重要的作用。

要发挥出社交媒体的真正潜力，零售企业需要建立一个闭环生态系统。

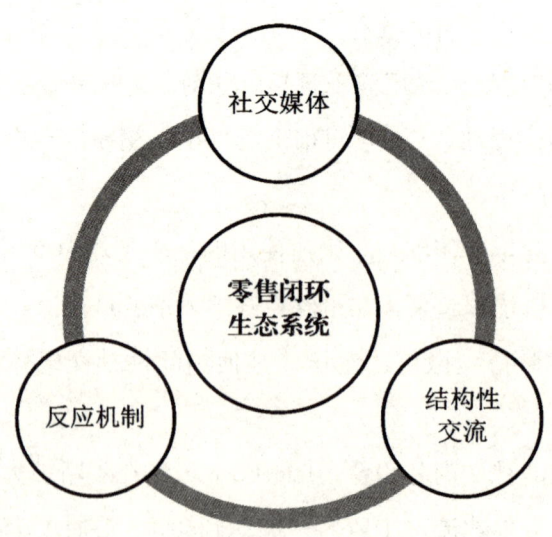

反应机制与商业智能引擎结合，能给产品设计者提供实时的消费者意见。在开发产品的同时牢记这些意见，就能够给粉丝带来越来越多令他们惊叹的产品，从而让消费者更亲近品牌，进而产生一种可持续的竞争力。

通过社交媒体与粉丝互动，是一个倾听、鼓励参与和监测的持续过程。根据粉丝的反应引导对话，从而产生有效的见解，这种策略最终将会影响到产品的成败。

如今，利用设备、资讯、服务，更多的人通过更多的硬件和软件与粉丝、零售商和品牌商产生关联，进行结构性交流，由此给电商、实体产业都带来了无限的想象空间和增长空间。

社交媒体带动的零售销售额和推荐流量增长的速度比其他在线渠道产生的增长速度都要快，社交媒体是一个零售商与粉丝不可或缺的沟通渠道，是一个很好的推广工具。

吸引粉丝

零售店吸引粉丝的方法有很多，过去传统零售店吸引顾客的方式大多以促销、降价，或者以产品质量和口碑为主。在互联网时代，零售店吸引粉丝有更多的方法。

就星巴克和麦当劳而言，星巴克、麦当劳的门店至少能辐射10亿中国人口，粉丝加起来有1.5亿，它们是怎么拥有那么多粉丝的呢？

◎ 绑定粉丝

顾客第一次购买星巴克的咖啡，服务员会推荐他们办理星享卡，使用星享卡后的顾客即可成为星巴克的"粉丝"。通过预存消费额，星巴克在粉丝数量不变的情况下，现金流会增加。

绑定一个粉丝后，还有亲友邀请券、早餐咖啡邀请券、升杯券。这些优惠券的设计可以让粉丝邀请其他新粉丝一起喝星巴克咖啡，其实就是让粉丝帮其吸引新粉丝。

麦当劳有公众账号，粉丝只需要关注麦当劳的公众账号，通过点击"会员卡特权"的详情页面即可获取麦当劳的产品信息。麦当劳还推出"茶点卡"服务，售价3元。

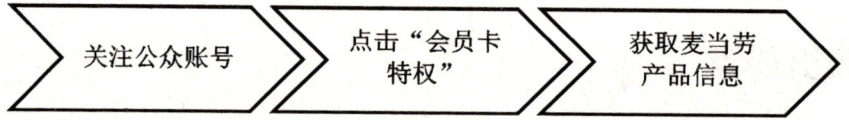

粉丝可以直接在微信上购买"茶点卡"，在麦当劳实体店购买产品时出示"茶点卡"即可享受优惠。

通过这些方法，星巴克、麦当劳迅速绑定了粉丝。

◎ 品牌策略跟随时代变化

麦当劳的快消产品属性和耐用消费品不同，消费者会快速做出购买决定，它更加日常化，所以其品牌策略一直强调"每天的生活都有麦当劳相伴"。

麦当劳的品牌宣传语随着时代而演变：

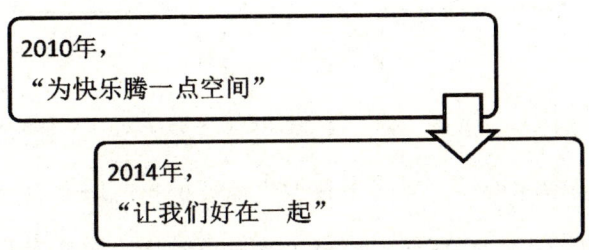

2010年是"为快乐腾一点空间"，那时的社会大环境是为了工作而拼搏，麦当劳希望让粉丝感受到在激烈竞争中仍然有它陪在大家身边。

到2014年，品牌宣传语改为"让我们好在一起"，因为麦当劳曾经的粉丝——中国的第一批独生子女已经步入社会并有了自己的家庭，于是当时的品牌宣传片里，更多突出人与人之间的情感联结。

星巴克也有新品牌理念。星巴克除了提供高品质的咖啡，也会提供其他的产品。诚信，质量，以及这些产品的一致性必须保持始终如一，星巴克的新品牌形象将给它探索新观念和新渠道提供自由和灵活性，使它与现有粉丝保持步调一致，与新粉丝建立强有力的联系。自己的品牌内涵不断升级，这样才能和变化的粉丝更加完美地聚合起来。

◎ 跨界扩展粉丝

虽说跨界营销是不同行业的企业合作或者新品类的产品营销，但一般都有共同的基础：

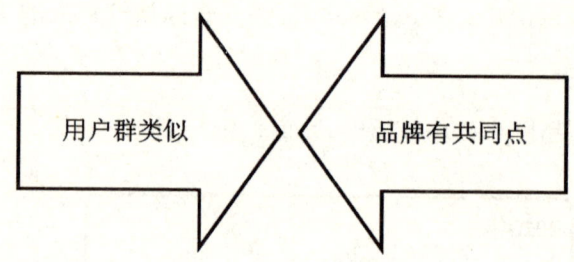

以麦当劳来说，消费主体已经慢慢变成85、90、95后甚至00后这些接触网络比较多的粉丝，而线下餐饮也需要拥抱互联网，借助互联网的渠道来营销和推广。和京东、支付宝等进行的线上合作有利于在网络用户中迅速提升认知度。

星巴克本身便是"情调、逼格"的代名词，推出的月饼跨界产品自然也不例外。星巴克不仅为月饼设计了专业的主题包装，甚至还专门编创出有寓意、有内涵的古老传说来增加其文化意蕴。

激发粉丝的好奇心是每个跨界合作项目需要认真考虑的，就像麦当劳与小黄人的合作。率先推出小黄人套餐并发售小黄人玩具引发了消费者强烈的好奇心，他们纷纷去店里购买小黄人套餐并合影留念。通过跨界，星巴克、麦当劳等企业扩展了自己的粉丝人群，品牌知名度都有很大的提高。

◎ 布置多种场景

消费者每天会处于不同的场景中，要完成不同的需求。比如在家里看电视时的场景，突然想喝点什么或嚼点东西；和朋友聚餐时的场景，想喝点东西；炎热的夏天，在沙滩上晒太阳的场景，也想喝点东西。

一个品牌要想被购买，首先要让粉丝能主动想到。麦当劳之所以可以成为一个价值上千亿美元的品牌，是因为它成功地将自己和很多个重要的场景进入点联系在一起，建立了很多场景。

星巴克的CEO Howard Schultz早在1995年曾描述过他的愿景：一种传达浓缩咖啡技艺的真实体验，一个思考和想象的地方，一个人们可以饮一杯绝佳的咖啡、聚会畅谈的休憩之所，一个有社区归属感的舒适港湾，一个除了工作场所和家里的第三空间，一个欢迎和鼓励人们再来的场所，一种能同时包容快速服务和内心平静的空间。

很明显，星巴克的咖啡并没有显著地比Costa的好喝，那么它凭什么市值是Costa的10倍以上？主要原因是，星巴克没有把自己定位为单纯的咖啡厅，在以上大部分的需求场景中，它建立了和需求的直接因果关联。

◎ 粉丝文化体验

星巴克公司出售的不仅是优质的咖啡和完美服务，更重要的是顾客对咖啡的体验文化。

在星巴克看来，人们的停留空间分为家庭、办公室和除此以外的其他场所。麦当劳努力营造家的气氛，力求与人们的第一停留空间——家庭——保持尽量持久的依存关系。

作为一家咖啡店，星巴克致力于抢占人们的第三停留空间，把赚钱的目光盯在人们的停留空间上，停留空间的运用可以是以下情况：

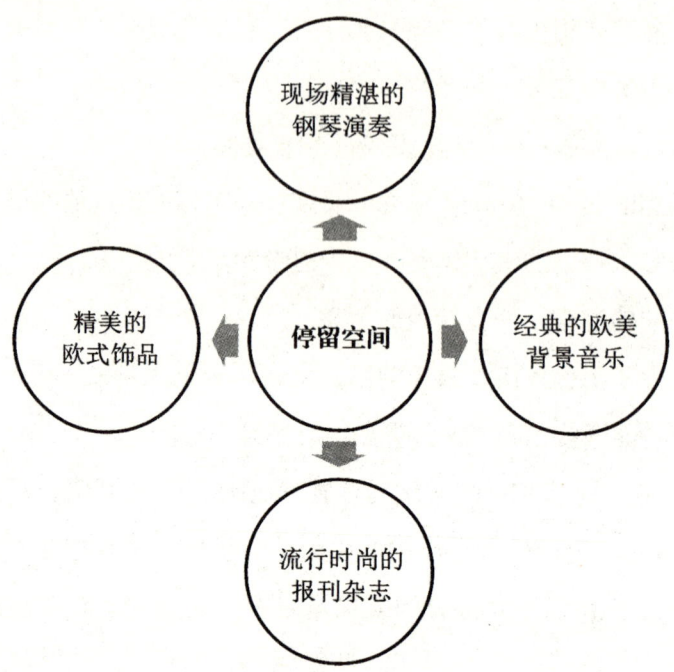

搭配这些,力求给粉丝营造高贵、时尚、浪漫、文化的感觉氛围。

让喝咖啡变成一种生活体验,让喝咖啡的人感觉到自己享受咖啡时,不仅在消遣休闲而且还能体验时尚与文化。

◎ 贴近生活

现在,主打懒人经济、海量补贴的"送餐上门"大规模走进家庭生活圈。麦当劳现在与饿了么、美团、口碑外卖和百度外卖四个外卖平台合作,为粉丝打造了生活圈闭环。

以前很多人疑惑麦当劳为什么要开24小时店,几乎所有店铺都关门了麦当劳却一直在营业。而在消费者夜间急需解决一顿饭时,首先就会想起麦当劳,这就是培育粉丝的成果:

第6章 粉丝！粉丝！线下零售店撬动粉丝经济

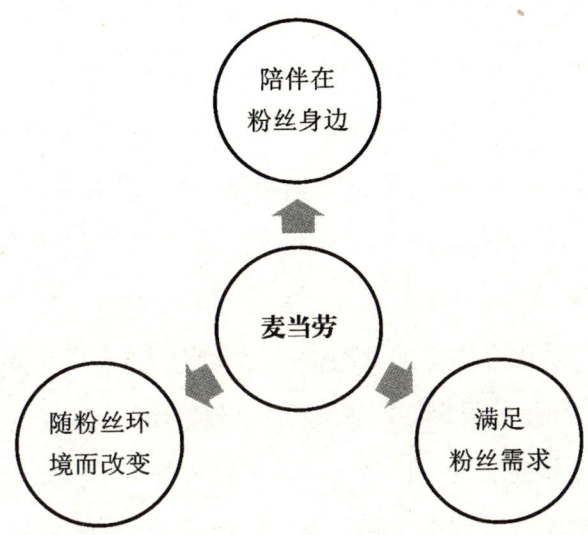

星巴克把粉丝忠诚度与其他商业结合起来，让粉丝可以通过各种途径，如APP、店里卡片免费换取苹果iTunes歌曲下载的机会，在各种线下消费场所攒"星星"换取免费的星巴克咖啡等。通过这些方法，在粉丝面前打造了不仅是卖产品的普通商家，还与粉丝生活圈密切相关。

◎ 免费送福利

免费的往往是最吸引人的，在吸引粉丝方面，零售店一定不能忽视互联网思维中的免费思维。

麦当劳曾推出得来速专属福利免费领活动。在早餐时段到得来速车道任意消费，小杯豆浆或咖啡都可免费升级为大杯。在非早餐时段，在得来速车道任意消费，即可免费获得红茶一杯，或+3元购薯条（小）一份。这些免费活动吸引不少消费者前去消费。

4月22日是世界地球日,星巴克每年都会在"地球日"当天给大家送上一些福利。比如免费喝星巴克咖啡,而且没有规定一定要用星巴克自家的杯子。也就是说,在4月22日那一天,粉丝只要带上任意一个杯子前往星巴克,即可获得一杯免费的咖啡。而且在地球日当天,在星巴克门店前排队长龙中的前20名幸运顾客,还可以获得一杯每日限量供应的冷萃冰咖啡。

麦当劳和星巴克免费的福利活动也让它们收获了大量粉丝,无论是"满减",还是"限定",都得到了大量粉丝的支持。

小米米粉节也是典型代表之一。米粉节是小米回馈众多米粉的节日,小米会在此阶段发布全新产品,以及进行往期产品大促销。"促销"加"免费",利用极其诱人的促销折扣吸引粉丝疯抢产品,创造了一个又一个销售奇迹。2016年的米粉节,小米网总销售额突破18.7亿元,累计参与人数4683万人,游戏参与10.2亿次。

庞大的米粉群体的形成,依靠的不仅仅是小米高性价比的产品,还有与粉丝的直接互动,其中最直接有效的方式就是粉丝节。

综上,福利吸粉模式的优点有:

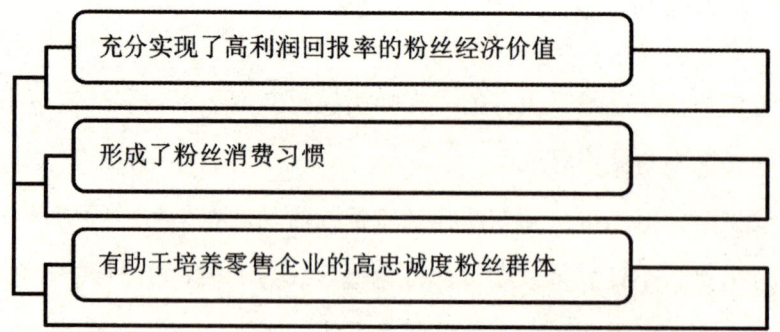

维护和发展与粉丝的关系

维护和发展与粉丝的关系,是每一个零售企业都应该做到的事情。只有维护和发展与粉丝的关系,才能稳定粉丝,让粉丝形成切实的消费。

传统零售,普通产品依靠大规模推广就能拉动销量提升,但是互联网时代下的消费者会在社交媒体上分享产品的使用体会,他们不再相信硬性广告的自言自语,而是更相信相对中立的社交媒体,从这些社交媒体上得到产品信息。消费者也会主动参与其中,和其他消费者甚至品牌一起互动、分享和交流,社交媒体成为人群聚集和内容分享的大平台。

对于零售企业而言,现阶段的发展不仅要关注"人、货、场"以及连锁复制能力,更要注重粉丝关系的经营,一切以给粉丝创造更大的价值、带来极致的购买体验为出发点和归宿。

一家著名的实体零售企业把"顾客第一,唯一的第一"作为企业核心价值观来坚守,作为普适性零售准则,在任何时代,顾客至上的原则没有改变,也无需改变。

但是顾客关系的内涵和形式已经发生了重大转变。当80后、90后们"蓝瘦香菇",追逐网红之际,零售店也要创新思维,加强与粉丝的关系。主要有以下三种方法:

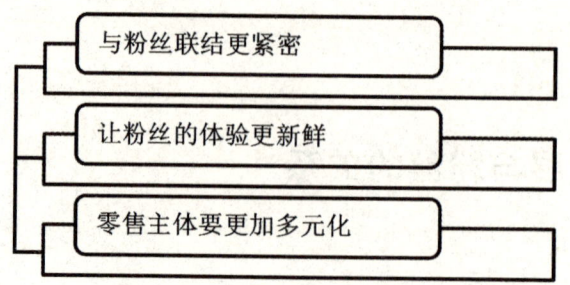

（1）与粉丝联结更紧密。与粉丝的沟通延展到全时间、全空间、全媒介和全触点，突破时空的限制，沟通频度甚至可以达到一天几十次，并完全不拘泥于传统的门店场景、少量短信与邮报。

（2）让粉丝的体验更新鲜。娱乐化、媒体化是新型顾客关系的显著特征，新鲜好玩儿与购物体验密不可分，不仅是在购物中更好玩，更是在愉悦冲浪、呼朋唤友的新鲜体验里顺便购物。

（3）零售主体要更加多元化。与传统依赖门店服务人员相比，更多的服务主体和角色加入其间，如企划、美工、在线客服、合作伙伴等，甚至段子手、网红等也都成为重要的组成部分。

◎ 与粉丝互动沟通

天下没有免费的午餐，要想从粉丝身上获益，就必须要善于与粉丝互动沟通。粉丝是特殊的用户，他们的"关注"意味着兴趣和潜在购买行为，而他们的取消关注则意味着需求的转移。只有经营管理到位，粉丝效应才会逐渐扩大，经济效益也才能持续发生。否则，粉丝动动手指，就能拒商家于"千里之外"。

近年来，宜家在微博、SNS社会化媒体平台上的营销动作连连，主要有：

第6章 粉丝！粉丝！线下零售店撬动粉丝经济

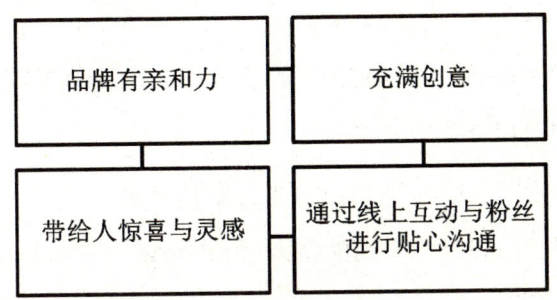

宜家通过这些行销措施，为粉丝提供相应家居解决方案，帮助粉丝筑造属于自己的梦想空间。

对宜家来讲，社会化媒体像是品牌与粉丝沟通的一个桥梁。针对粉丝的反馈和投诉，宜家会有专业的客服部门及时与粉丝沟通。

宜家充分结合平台特性，与粉丝展开互动。品牌活动一般都是以某一平台为主，其他平台进行辅助传播。

宜家曾经在豆瓣网举办"电影里的梦想空间"活动。粉丝只需上传电影、电视、MV等影视作品中自己喜欢的空间装饰风格的截图到活动相册，并添加描述，分享它出自哪里以及喜欢的理由，就有可能获取幸运礼物。此外，粉丝还可以通过微博、SNS等互动平台分享自己展示的"梦想空间"，充分发挥不同平台的优势。众所周知，豆瓣网是基于兴趣爱好的圈子，风格偏文艺，富有创造力是其受众的一大特点。宜家这一活动形式虽然简单，但却与豆瓣网的风格相当吻合，让网友发挥其对文艺作品熟知的特长，同时也与品牌理念吻合。短短一个月的时间内，豆瓣宜家小站访问量达5万多次，粉丝数增长到12000人之多，活动参与度也非常高。

为了让更多粉丝参与到实现梦想的旅途中，宜家还启动了跨越一整年的"让梦想超越空间"系列活动。通过宜家社区网站在消费粉丝中征集"百万居家梦想",并在微博、豆瓣、开心网等社交媒体平台上进行传播,激发广大粉丝发挥自己的"小创意",实现居家"大梦想",把巧妙的方法和创意分享给更多人。

根据粉丝定位,宜家利用三大平台在传播力、基于兴趣爱好的圈子文化、熟人间的口碑传播方面的特点展开营销。

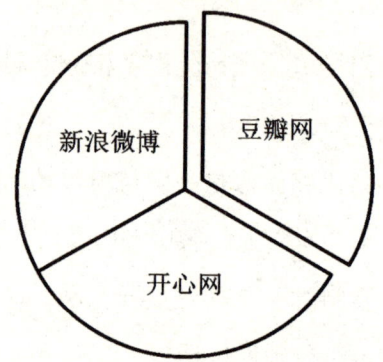

以新浪微博为例,宜家家居新浪官方微博最初建立时,以发布内容为主,通过提供一些精彩的图片、视频等内容吸引粉丝关注;当粉丝积累到一定程度时,则倾向于提供话题,让他们围绕这些话题去展开讨论。

宜家秉承着一贯的亲和形象与粉丝沟通,让粉丝感受到宜家提倡的精神与理念。自开通微博以来,宜家家居不断在其官方微博展出新产品、新展间,并开展公益活动等,吸引粉丝将近160万,成为家居类微博粉丝数排名第一的品牌。

宜家秉承与粉丝建立一种平等、平和、朋友般的联系,这样当粉丝有产品购买需求的时候就会首先想起宜家。

提到与消费者建立信任感,宜家的体验式营销拔得头筹。在宜家商场里,经常会看到顾客躺到床上、坐到沙发上、走到地毯上,或者拉开抽屉、打开柜门的情景。正因如此,有人说"宜家像是真的家"。

将潜在顾客转化为忠实粉丝

零售的本质是争夺消费者。零售企业要增大销量，必须要在开发新市场的基础上增加购买人群，扩大粉丝群。此外，零售企业还应关注粉丝的属性、性质，尽可能地转化潜在客户为忠实粉丝。

◎ 会员制培养消费者忠诚度

现在市场竞争空前激烈，实体店、电子商务等多元化的渠道发展并存，让消费者面临着更多选择，在这种情况下，通过对老客户进行挖掘研究，并发展成忠实粉丝，这样零售企业才能更平稳发展。

实行会员制，是稳定顾客的实用方法。会员制最主要的优点是：

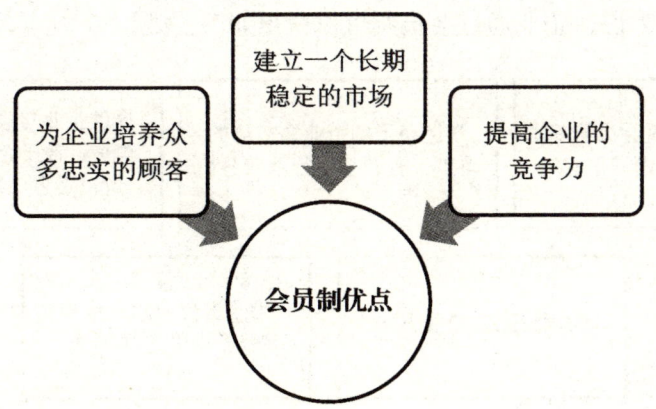

会员制不但可以稳定老顾客，还可以开发新顾客。由于实施会员制的企业普遍具有比同行业更优惠的价格，因此其对新顾客的吸引力很

大。此外,大部分会员卡是允许外借的,因此这也给新顾客提供了机会,大大增加了其成为会员的可能性。

会员制营销能够促进企业与顾客双向交流。顾客成为会员后,通常能定期收到商家有关新商品的信息并了解商品信息和商家动态,有针对性地选购商品。除此之外,企业能够及时了解消费者需求的变化,以及他们对产品、服务等方面的意见,为改进企业的营销模式提供了依据。

所谓的会员制是指让消费者先投入一定的资金而获得相应的消费资格,从而在该商家规定时期内消费时享受一定的便利和优惠。作为商家的一种新型营销方式,它是由企业经营者组织,并建立相应的权利和义务的自由协会或团体,其组成人员就是会员。

会员制是商家利用其经营优势为特定消费群提供产品或服务,一般认为美国是正规会员制的发源地。实践证明,会员制在国外应用最成功的企业类型是超级市场和宾馆酒店,如美国的沃尔玛、法国的家乐福、德国的麦德龙等;还有诸如马里奥特宾馆、假日宾馆、希尔顿大酒店等,它们都是应用会员制营销很成功的世界集团。

一般来说,企业通过会员制可以获得如下益处:

| 收集到大量会员的基本情况和消费信息 | 掌握和了解企业顾客群的特点,有利于进行消费分析 | 提供企业与顾客的沟通渠道,便于企业及时了解消费者的需求变化 |

| 明确自己的消费群体 | 为改进企业的经营和服务提供客观依据 |

现在会员制营销已经成为一大热门。乐购超市公司是英国最大的食品超市公司之一,该公司通过实施忠诚计划"俱乐部卡",帮助公司将

市场份额从1995年的16%上升到了2003年的27%,成为英国最大的连锁超市集团。

乐购的"俱乐部卡"被很多海外商业媒体评价为"最善于使用客户数据库的忠诚计划"和"最健康、最有价值的忠诚计划"。乐购俱乐部卡的大部分会员都是在忠诚计划推出开始就成为了乐购的忠诚客户,并且从一而终,他们已经和乐购保持十年以上的关系。

设计之初,"俱乐部卡"计划不仅仅是将自己定位为简单的积分计划,而是乐购的营销战略,是乐购整合营销策略的基础。

"俱乐部卡"的积分规则十分简单,客户可以从他们在乐购消费的数额中得到1%的奖励,每隔一段时间,乐购就会将客户累计到的奖金换成"消费代金券",邮寄到消费者家中。

这种方便实惠的积分卡吸引了很多家庭的兴趣,据乐购统计,"俱乐部卡"推出的头6个月,在没有任何广告宣传的情况下,就取得了17%左右的客户自发使用率。Sainsbury、Asda等连锁超市也相继推出类似的累计积分计划。

乐购通过客户付款时出示的"俱乐部卡",经过一系列环节,最终是为了掌握消费者数据库,这些环节包括以下几点:

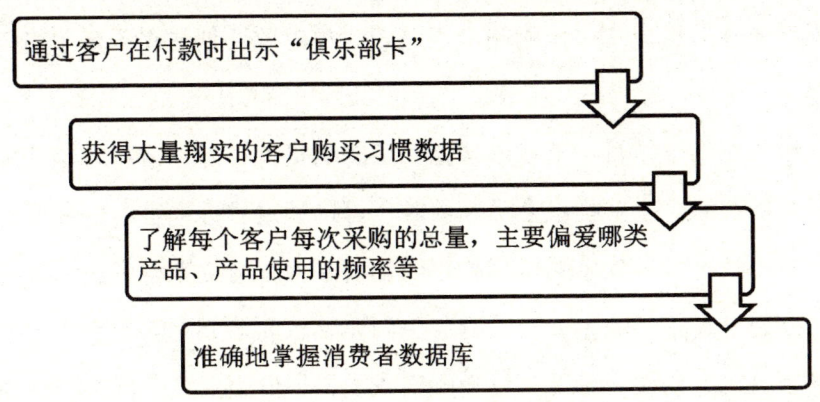

在英国,有35%的家庭加入了乐购"俱乐部卡"计划,有400万家庭每隔三个月就会查看一次他们的"俱乐部卡"积分,然后冲到超市,像过圣诞节一样疯狂采购。

通过软件分析,乐购将会员划分成了十多个不同的"俱乐部",像单身男人的"足球俱乐部"、年轻母亲的"妈妈俱乐部"等。"俱乐部卡"的营销人员为这些分类"俱乐部"制作了不同版本的"俱乐部卡杂志",刊登最吸引他们的促销信息和他们关注的其他话题。

为了更好地控制成本,乐购还经常和供应商联手促销,作为返还给消费者的奖励,把维系忠诚计划的成本转移到了供应商身上。

由于乐购建立了按照消费者购买习惯细分市场的"俱乐部"数据库,内容真实详细,促销非常具有针对性,供应商十分愿意参加这样的促销活动,提高品牌知名度,加强与消费者的关系。

乐购采用的是与航空公司类似的"常旅客计划",奖励经常到超市购物且达到一定量的消费者。通常在有选择的情况下,消费者倾向于选择自己持有"会员卡"的超市,以便获得各种奖励。

这种积分计划在一定程度上可以达到转换成本的效果,因为一旦消费者转换到另一家超市,以前的积分可能就被放弃或者被推迟兑现了,从而产生了转换成本。乐购超市正是因此类忠诚计划建立了企业的核心竞争力。

会员制的根本目标就在于建立稳定的消费者资源,与顾客建立稳定且长久的关系。企业提供会员制服务,可以锁定目标顾客群,保证拥有一定数量的客源,为企业带来稳定的销售收入;而且零售企业通过与顾客之间建立良好的关系,使顾客产生归属感从而培养顾客的忠诚度,让顾客成为忠实粉丝,降低开发新顾客成本,提升企业竞争优势,树立企业品牌。

◎ 传递产品精神

会员制、促销等活动都是为了强化与消费者的联系，吸引消费者重复消费。当消费者进行重复购买时，给消费者传递属于商家的"产品精神"，能够加强粉丝忠诚度，变潜在客户为忠实粉丝。

"只有当一个产品或者服务与消费者产生情感共鸣、燃起情感对话的火花时，产品或者服务才有资格成为一个品牌"，这是对于品牌的理解；同样，只有当一个产品或者服务与消费者产生情感共鸣、燃起情感对话的火花时，这个产品或服务才能赢得粉丝的忠诚。

人们去星巴克咖啡店，不仅仅是为了喝上一杯咖啡，而是去享受它给人们带来的情感上的愉悦和友善环境的所在。同样喝可口可乐，不是完全为了品味它来自美国的碳酸饮料，而是品味产品赋予的激情、快乐和生命力。

也就是说，星巴克卖的不只是咖啡，更多的卖的是一种生活品位；而可口可乐卖的也不仅仅是"饮料"，更多的卖的是一种文化、一种精神、一种情感。

消费者选择这些产品的原因，已经超越了用来识别它们身份的符号，就好像人们去"星巴克"已经不仅仅是为了喝杯咖啡，更重要的是在一种时尚且雅致、豪华而亲切的浓郁环境里，放松心情，体验独特的咖啡文化。

这种体验源于品质、品位、文化、价值，而正是这种独特的体验结果，越来越使得消费者对这种产品产生偏好，并逐渐形成一种依赖。这种依赖便是消费者与某种产品或者服务产生情感共鸣的结果。

金六福是一个富有情感号召力的产品，因为它意味着充满希望、喜庆、幸福。

金六福是一个情感品牌，它深植于中国传统文化，深度挖掘出的"福文化"，代表了越来越多的消费者的心理需求，追求喜庆、好运、吉祥、幸福。同时它深刻体会消费者对"福文化"的认识和接受，并设法通过产品创新、服务创新和传播创新，去最大限度地满足消费者对"福文化"的需求，最终以"中国人的福酒"从中国数以万计的白酒品牌中脱颖而出，并一举成为中国白酒领先品牌，位居全国第三强。这与金六福持久的情感化塑造有着密不可分的联系。

从1998年的"代理品牌"起步，经过"创造品牌"，到"拥有名牌"，金六福在品牌建设上走出了卓越品牌之路，"金六福"品牌价值已达30亿元，可谓中国白酒业的"杰出代表"。

"金六福"从中国传统福文化的字符，挖掘出的"祝福、吉祥、美满"，将"金六福"与消费者紧密联系起来，它聚焦于人类本性中最富情感煽动力和最充满情感向心力的"幸福、吉祥、美满"，并着眼于超越物质满足、体验情感圆满的追求和愿景。

通过富有情感煽动力的传播方式和传播渠道，将这种幸福的情感传递给广大消费者，于是这触动人类情感深处的"幸福琴弦"，驱动越来越多的消费者情不自禁地渴望"金六福"品牌，使得金六福获得了真正的成功。

成功的零售品牌，传递给消费者的不仅仅是产品或承诺，更多的是建立在产品或服务上，而又超乎产品或服务本身的一种情感和文化。这种情感的来源包括以下几点：

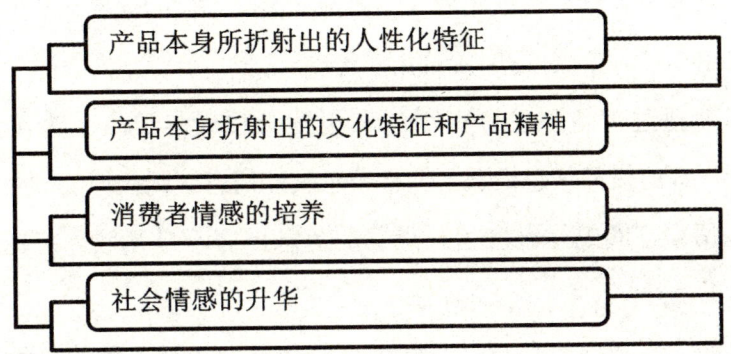

金六福是一个极有情感号召力的品牌，它意味着"幸福的味道"，意味着"诚信的团队""卓越的品质"。这种情感的背后，是金六福多年来对中国传统福文化的人性化和情感化的塑造过程，将"福文化"始终不渝地传递给消费者，增强了消费者黏性。

传递产品精神，从情感上感化消费者，可以让消费者对产品产生好感，从而成为产品的忠实粉丝。

向粉丝精准推送

对零售企业来说，根据用户需要精准地推送信息非常重要，是获得消费者喜爱和忠诚的重要方式。

在日常生活中人们经常会收到一些垃圾信息广告，这些信息并非都是垃圾信息，而是因为用户不喜欢或者不需要，所以被视为垃圾信息。所以根据需求推送信息至关重要。

"即刻"是一款基于兴趣的信息推送工具，用户可以通过即刻关注自己感兴趣的人物、资讯和事件，即刻会跟踪相应的动态，并通过推送通知让用户及时获取自己关心的信息。

即刻通过大量颗粒度更小的爬虫技术和人工编辑，为用户提供"基于兴趣的极简信息推送"。相较于其他信息订阅应用的一个核心差异是，用户订阅的是维度为"点"的信息，而不是领域、兴趣这样的"面"的信息。

比如大多数内容分发工具知道某用户喜欢民谣，就给该用户推送QQ音乐或者网易云音乐的马頔、宋冬野和陈粒，但"即刻"发现该用户最喜欢的是赵雷，平台就会给该用户推送如赵雷最近门票信息和演出动态。或者NBA球迷以往会收到NBA门户的新闻推送，但即刻"哈登拿三双"的提醒看起来更为吸引人。

即刻获取的信息颗粒度小，根据用户需求的"点"，推送出很多个"点"的信息。从用户需求出发，推送用户更需要的、更精准的信息。换一个更抽象的词，即刻做的是"信息消费升级"的事，先满足那部分对信息获取要求更高的"信息上游"用户，再拓展到未来的信息消费场景中去。

即刻APP从2015年年初上线，目前已经迭代到3.0版本。早先的即刻用"爬虫技术＋人工编辑"并重的方法，在中高端的用户群里获得了不错反响。而最新版本的"即刻"，在爬虫技术优势上，推出一批"追踪机器人"，帮助用户追踪他们感兴趣的任何信息。

即刻不再局限于提供官方编辑创建的提醒，而是让每一个用户都能成为"编辑"。即刻利用"追踪机器人",用户通过选择追踪机器人,定制自己感兴趣的消息更新,追踪的信息不仅包括新闻,还囊括了淘宝、汽车论坛和分答等服务类的内容。

即刻瞄准的方向有以下两个方面:

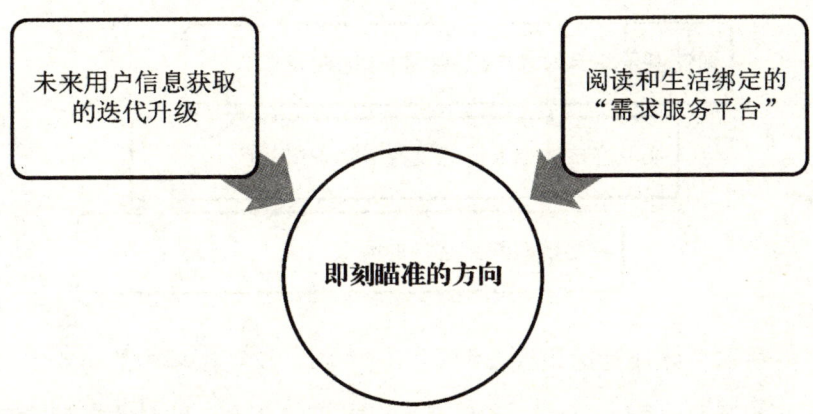

即刻的编辑部门会定期开选题会,发掘用户需求。目前官方自建2000多个提醒,总共已经20000多个提醒,这其中用户贡献了大部分。

即刻作为专业的推送软件,取得了很大的成功,虽然即刻的用户数远不及今日头条和腾讯新闻这样的内容分发平台,但其更精准和个性化的推送,被资讯客户端业界作为迭代升级的重要方向。

零售店在推送信息时也应如此。作为全球三大零售企业之一的特易购(TESCO)通过精准的营销而获得巨大成功。

特易购成立早期是一家以廉价闻名的食品杂货店,"货源充足、价格便宜"是其连锁店的座右铭。后来特易购的主管意识到,对企业而言,廉价策略是一种不可持续的模式。

20世纪90年代初,特易购的客户开始转向其他竞争对手,因为特易购公司开始并不了解自己的客户。1995年之前,它根本不清楚客户的年龄、贫富，会在特易购买多少东西，会在竞争对手那里买多少东西，以及最近的促销或降价活动是否对销售有帮助等。

为了改变这种情况，当时特易购的营销主管特里·莱希推出了一个叫做"俱乐部卡"的培养客户忠诚度的项目，项目实施流程如下：

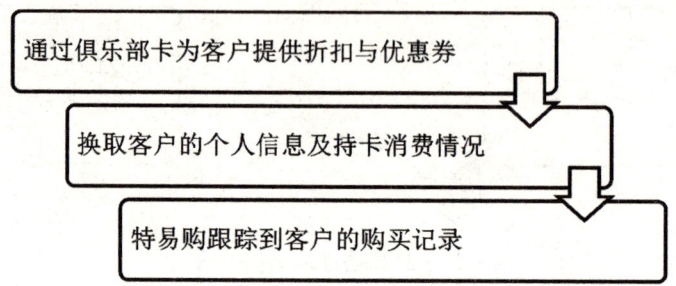

特易购自此成为运用客户洞察力的大师，仅英国境内的持卡人就超过了1600万，公司可以详细了解到客户在买些什么。特易购还通过研究人们现在购买的产品来推测可以说服他们下一次买哪些产品，通过给客户经常购买的产品打折来牢牢吸引他们的注意力。每位持卡人在每个季度结束时都会收到一封邮件，里面包含折扣券，优惠的金额相当于他们平时消费金额的1%。

特易购还会根据数据库来判断客户喜欢哪些产品，并在这些产品方面给特定客户提供优惠。特易购通过购买与积累数据深入地掌握客户的购买习惯，并以此创造了与客户密切相关的营销方式。

自从推出俱乐部卡来，特易购的折扣兑换率达到20%~40%，经营范围扩展到非食品领域，创立了新的品牌，成为英国最大的在线零售商。现今，多数的英国家庭都有一张特易购俱乐部卡，特易购也成为世界第三大零售商。

著名综合零售企业首商集团也与阿里巴巴旗下平台喵街合作，开通商场消费端APP及商家运营工作平台。首商集团利用喵街向首批入驻的4家门店注入周边生活圈数据，奉献"实体店经营+互联网技术"的新体验。

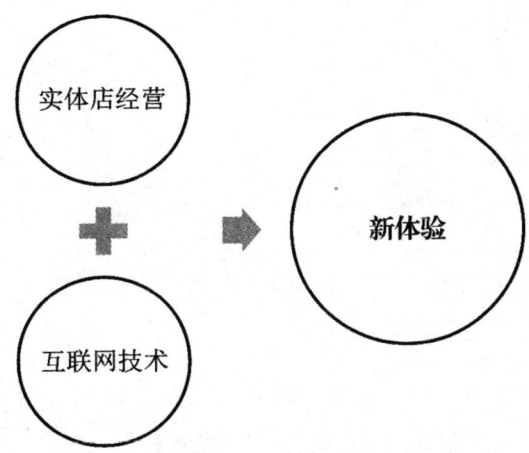

首商集团门店利用喵街注入的商场周边生活圈数据，通过阿里大数据与商场数据叠加，给商场周围客群画像，解读周边有多少人上班、居住，其性别、消费能力、购物偏好等特征。

同时通过喵街"神客户"运营工具，能让周边路人及潜在客户向高价值客户转化。该系统同时根据消费者最近来店时间、平均消费金额、来店频率，对顾客打"标签"，协助商家了解会员的动态，预判市场走向，实现精准营销。

零售企业必须重视粉丝，把握住粉丝，向粉丝精准地推送内容，这样才能留住粉丝，赢得粉丝的忠诚。

第 7 章 社群营销

每一次旧秩序打破的同时都意味着新机会的爆发,社群经济模式或许就是互联网浪潮不断颠覆发展,最终重新洗牌的必然模式。"社群"是互联网技术带来的,以人为中心,是个体力量崛起之后的必然产物。

圈子零售

圈子零售是指针对拥有某种相同或相近爱好、兴趣的人群，深挖他们的需求，在此基础上进行定位，整合各类资源进行销售。

零售中的社群集合了很多有共同兴趣的粉丝，粉丝聚集之后就要把产品销售出去，获得收益。从某种意义讲，社群是最好的销售环境。圈子经济的流程大抵如下：

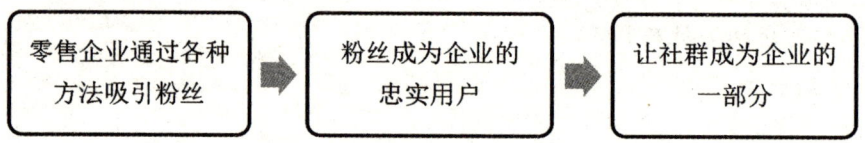

最早让"圈子经济"发挥强大影响力的是民营企业家社交圈。有着近30年历史的泰山会就是其中的代表之一。"组团发声、抱团取暖"是促成此类商会出现的主要动因。

协会成员的雪中送炭，让蒙牛、巨人等民营企业度过危机、涅槃重生；协会的凝聚作用，让企业联合起来与欧洲的政府或商业机构对簿公堂。

在社交网络时代，新一轮"圈子经济"正在形成。只要打开社交软件朋友圈，爆炸式的信息就迎面扑来，各类代购、推荐、图片广告层出不穷，如果网上商铺让全民经商成为可能，那么虚拟社交圈就为这种"可能"提供了有效途径。

现在，每个人的微信朋友圈里一定有人在卖东西，不管你是喜欢它还是讨厌它。国外化妆品代购、琳琅满目的首饰、刚出炉的杯子蛋糕……不知从什么时候开始，食指往下拉的一瞬间之后，看到的不仅是朋友们记录的生活，也夹杂着他们出售各种产品的信息。

手机连着的那一边，这些在微信平台上做生意的年轻人通过找到货源，晒出照片，联系买家，以几乎零成本的代价开始了自己的销售生涯。

2014年，阿里巴巴数字娱乐事业群发布娱乐宝平台，通过娱乐宝出资100元就能投资《小时代3》等热门影视作品。娱乐宝通过降低资金募集的门槛，圈定了一群潜在的观影人群，也就是圈了很多《小时代》或郭敬明的粉丝。这一群人素未谋面，却因为大家一起"投资"了一部电影而加入一个新的圈子。

以每位投资者足额认购所有份额计算，娱乐宝至少能吸引8万多人参与。其中很大一部分在未来电影上映时会因为自己投资了而去观影。这样，未上映就已提供了数千万元的潜在票房。

互联网"圈子经济"衍生了很多"商业模式"，其中众筹就是其中之一。众筹模式来源于海外，简单来说就是向大众筹集资金。其实娱乐宝所起到的效果丝毫不亚于众筹。

在国内，众筹模式最有名的案例当数3W咖啡。2011年，3W咖啡馆向社会公众进行资金募集，每个人10股，每股6000元，相当于一个人6万元。很快，3W咖啡汇集了一大帮知名投资人、创业者、企业高级管理人员，包括沈南鹏、徐小平、曾李青等数百位知名人士，股东阵容堪称华丽。

对于众多采用众筹模式的项目团队来说，众筹的过程就是圈定粉丝的过程——对方愿意投钱的前提是对这款产品感兴趣。于是经常会出现很多团队所需要的众筹资金只有几万元的项目，其实这些团队真的不缺那点钱，而是想通过众筹找到一帮忠实用户。

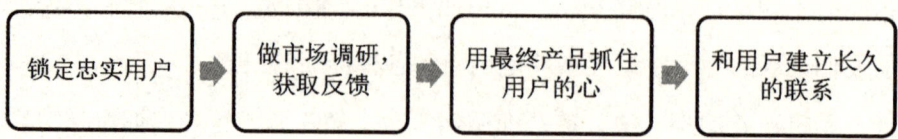

锁定忠实用户 → 做市场调研，获取反馈 → 用最终产品抓住用户的心 → 和用户建立长久的联系

无论是圈子经济，还是众筹，都是与社群营销分不开的。圈子或群体是一直存在的，营销的第一步就是要把消费者"群体化"，从而更好地满足他们的需求，给他们更好的服务。以前是营销者在"群体化"消费者，消费群体在这个过程中是被动的，互联网科技的发展使得群体开始从内部主动联系，与外部主动区别。这样，主动性和主动权转移到消费者手里。

因此，在互联网时代，零售企业需要向"圈子零售"方向发展。

社群经济

每一次旧秩序打破的同时都意味着新机会的爆发，社群经济模式或许就是互联网浪潮不断颠覆发展，最终重新洗牌的必然模式。"社群"是互联网技术带来的，以人为中心，是个体力量崛起之后的必然产物。

◎ 互联网和社群经济

智能互联网发展推动了社群经济的全面到来，它改变了互联网经济早期拼规模、拼流量的模式。随着智能硬件成为万物互联的工具，在智能互联网时代谁掌握了"连接"的技术和渠道，谁能构建兴趣社群并能运营好社群，谁就是商业的主人。

社群是在互联网和移动互联网技术推动下，人们实现更加便捷和自由的网络化交往的典型。智能互联网和社会网络充分融合带来很多优势。

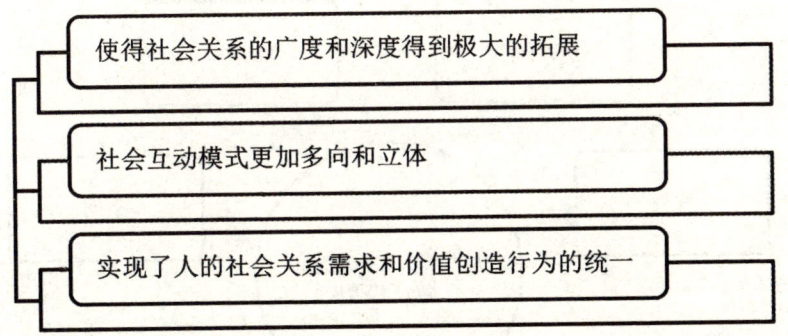

移动社群彻底突破了空间和时间的限制，基于定位追踪和位置服务，通过随时随地的交互应用，为人与人交互提供全面便捷的服务和体验，进而由兴趣社交进一步向资源协作和价值共享延伸。

当小米成为产业奇迹、自媒体高潮跃进的时候，互联网思维成为一个潮流词汇，在互联网、实体经济、电商等领域进行大规模地毯式轰炸。互联网思维培训班、互联网思维讲师等新名词不断出现，通过把小米的粉丝玩法、微商的爆发、黄太极等案例传递给传统企业，一年也能赚几千万元。

透过现象看本质，小米现象本质上是互联网时代的经济学现象，一切动能来自于社群，社群的力量推送着企业的变革和品牌的再造，企业和品牌社群化正在成为下一个热潮。

微博、微信让企业家、官员、年轻人、创业者都感受到了互联网的力量和魔力，社会要素的组织形式和专业模式开始新一轮的创新再造，社群经济成为改变中国未来的新经济模式。

事实上，社群经济在互联网上存在已久，只是在过去平台没有足够的生态反哺机制，很多社交或社区化平台里都蕴含着社群经济的微观模型，如下图所示：

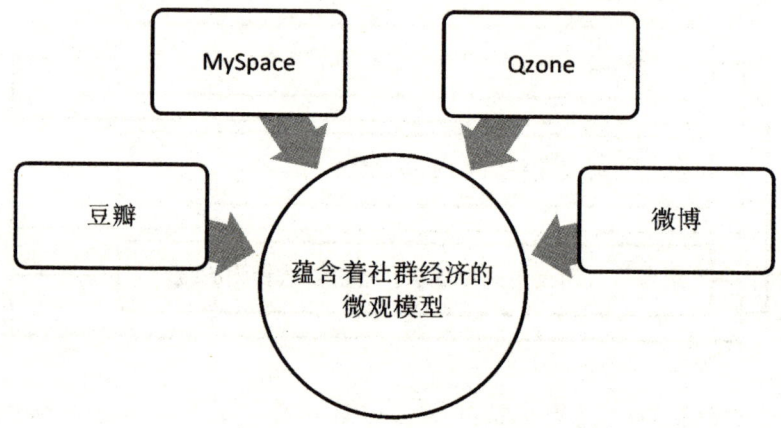

有社交的地方就有人群，有人群的地方就有市场，早期的社群经济以兴趣为中心形成松散的组织形式，由于缺乏无缝的连接管道，那时候的人们更多的是纯粹精神层面的社群，很少一部分人能够通过社群获得经济上的成功。

最早期的BBS简单高效，形成区域、兴趣、组织等社群的雏型，社群中意见领袖的诞生来自于互动交流中的发帖、跟帖，BBS产品本质上只有一个帖子列表和帖子内容两个页面，简单的同时很快就遇到了产品瓶颈。

由于BBS模式的线性互动机制和过滤机制，用户的活跃度逐步下降，同时，也出现盈利模式的困境，可以说是有了社群，但是还没有社群经济，偶尔的商业尝试都被当作垃圾帖处理掉了。

豆瓣群组也是这类产品，不过豆瓣的相对开放性和自由性让很多兴趣人群沉淀下来，一部分人尝试通过兴趣导流进行商业化尝试，但是规模不大，不足以推动社群经济的崛起。人人网基于同学的社交网络出现后，掀起了社交网络的高潮，汇聚了全国的大学生群体。但是，人人网同样没有创造出企业参与的产品模式和生态。

微博的出现是社群经济走出蛋壳的关键，新浪通过门户影响力和资源推动了全国各领域的精英、意见领袖、企业、从业者玩微博，单向、双向的可选择关注模式让社会精英阶层全面进入社交网络。自此，中国的社交网络更接近于现实中的人群结构分层和信息流动机制，让社群的价值流动更接近于现实世界，让各方面不同的人都可以找到属于自己的社群。

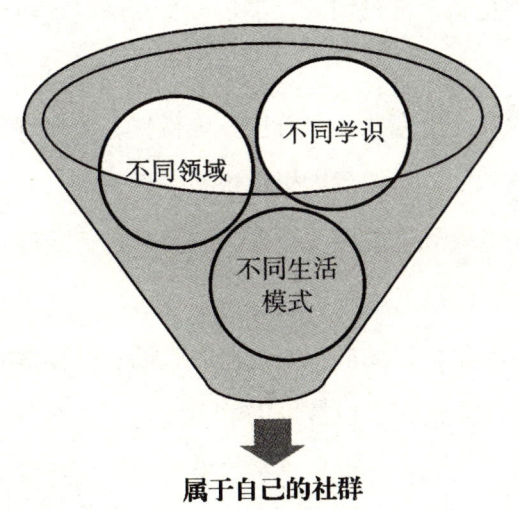

小米的成功是天时地利人和，小米很敏锐地抓住了这些机会。

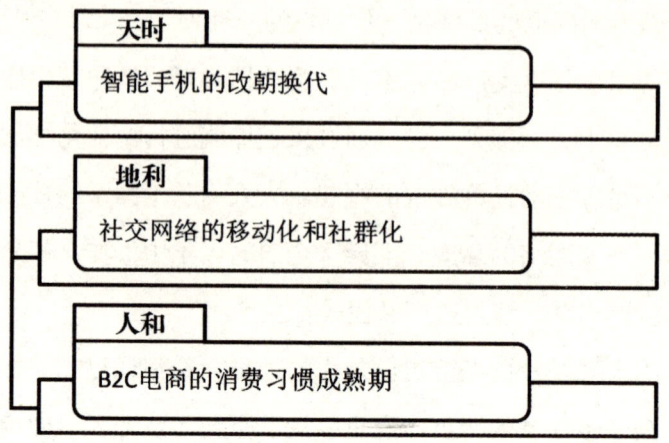

于是,"社群经济+电子商务"产生了魔力,诞生了C2B手机预购模式。小米品牌和产品运营的社群化让他们的供应链变成了动态供应链,让他们的营销变成了社群口碑营销,从而在前端和后端都发生了历史性变革。

社群经济不是一个营销词汇,不是一个短命的流行语,是互联网时代的经济学。

互联网时代有一个现象,火得快,退得快,很多现象级的企业或产品最终成为"先烈",正如黄太极煎饼在快速火爆之后,经过几波口碑传递之后,快速进入了质疑期,引来一阵批判潮。到现在,这样的极限式营销口碑留存率已经不是太高。

类似这样的现象,让很多传统企业的人们觉得社群经济是泡沫,有的人甚至认为小米是泡沫,包括过去的团购创业潮在内。中国式跟风确实带来了爆发式区位成长,也带来了快速洗牌、快速覆灭的可怕场景。尽管如此,但是社群经济不是互联网泡沫,适当的"泡泡"是为了更好的发展。

过去过于社交网络和社会化的东西大多数集中在营销层面,过去传统企业对互联网的认知也停留在互联网的营销价值上。智能手机的普及改变了众多行业的互联网认知,无论是遥远的乡村,还是繁华的都市,都被移动互联网连接起来。

互联网社群将连接一切,平台通过提供更具个性化的工具,打通服务与消费链条,就能够释放开发者的力量,从而延展商业链条,发现商机。智能化的社群,渗透到社会生活的方方面面。

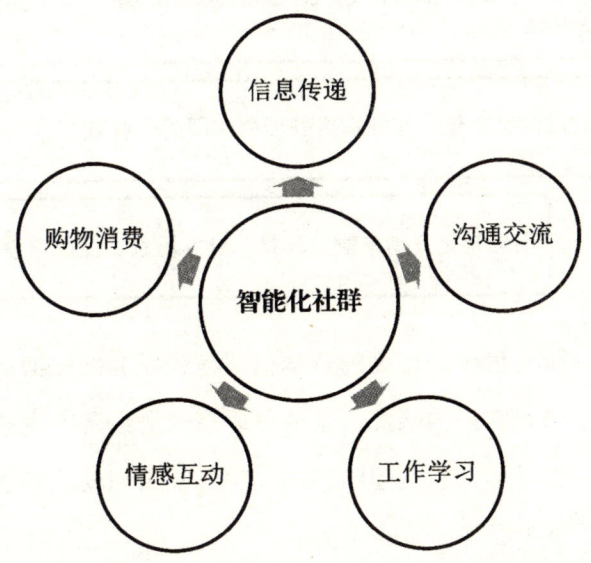

这些对整个社会的生活方式、消费模式、商业规律产生了颠覆式的影响。

当移动互联网将人与人高效且紧密地连接起来时,每个人心中居然都有着最原始的部落情结。越来越多的人在共同的价值观或兴趣爱好的引导下聚集在一起,形成各种类型的社群组织,从中获取自我满足和集体归属感。

在移动互联网时代,消费者因为某个因素,比如极致的产品、内容或服务而聚合,找到对的人进入社群,因为共同价值观和兴趣而形成社群并留下来，通过参与式互动，把用户变成"粉丝"，弱关系升为强关系，形成有黏性的用户平台后再寻找盈利模式。

社群是在移动互联网的基础上进行操作，具体流程如下：

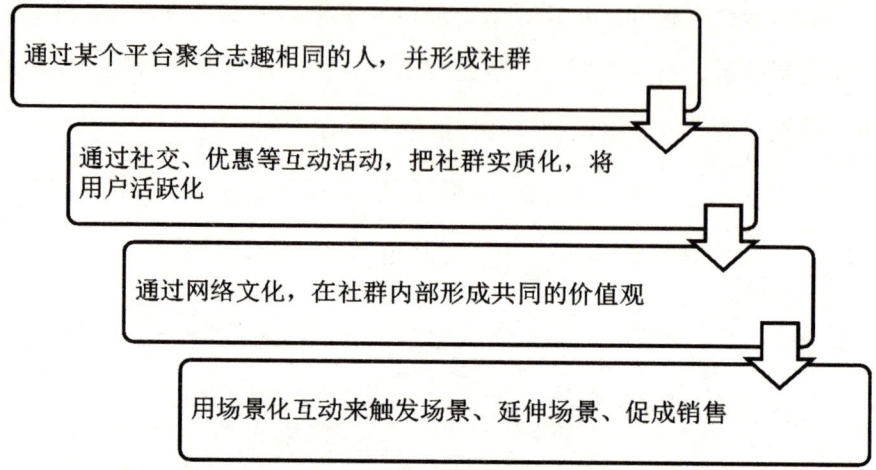

过去的互联网泡沫是过度的资本追捧与较低的网民消费之间的矛盾造成的，现今已有数亿的网民，企业可以在社群经济的生态链条中做其中的一部分，也可以自己构建生态圈，生态圈组织模式和组织关系的场景创新带来了整个经济体系的大变革。

滴滴打车引发了交通领域的全面变革，小米带动了手机产业的变革，联想农业带动了农业领域的变革，智能家居带动了整个家电产业的变革，社群经济实现了人与人的连接、实现了人与物的连接，产品需求的社群化驱动了企业的研发模式、生产模式和营销模式的改进。

社群经济不是泡沫，而是互联网经济时代到来的里程碑，联想IT组建自己的新型公司——神奇工场，华为推出自己的互联网手机品牌——荣耀，海尔推动创客平台……这些都不能回避社群经济带来的新经济创造力。

◎ 构建社群

随着移动互联网时代的推进，O2O项目大量快速崛起，传统PC互联网时代的电商平台也面临着流量下滑、分化，商家越来越难做，获取用户成本越来越高，价格越拼越低，赔本也越来越多。

与此同时，社群经济作为一种新兴的商业形态，近几年的关注度在不断攀升，除了小米粉丝社群、逻辑思维引领者外，2015年更是全国遍地开花，社群越来越受到互联网企业、明星大咖、各类社会机构及传统企业的青睐。

社群的本质是一群志同道合的人的聚集，核心是价值运营，如何提供大家趋之若鹜的输出价值，是衡量一个社群的关键。构建一个社群的基础如下：

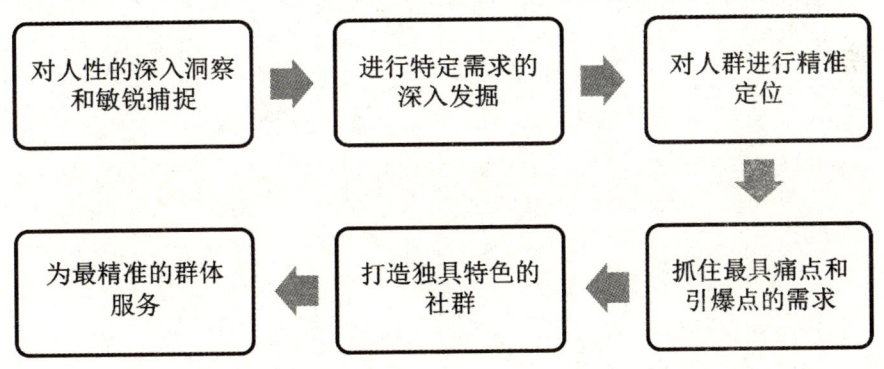

运营新社群首先面临的是社群定位问题。社群不是规模化、不是标准化，更多的是一定范围内个性化、小众化。清晰定位，明确方向，是新社群在运营之初就要决策的战略选择。

在做社群定位之前，应当首先了解一下社群的分类。按罗振宇的划分,社群为利益型社群和情怀型社群。"罗辑思维"定位"死磕自己取悦别人"的情怀型社群,用老罗的说法,新媒体的本质就是社群。

未来"罗辑思维"有可能会形成一个"类交易所"机制,它可以帮创业者融到一切东西,包括资金、品牌、初始用户、传播渠道……也就是说任何人的一点可以商业化的禀赋都可以通过类交易所机制完整释放出来。这种"类交易所"模式,就是社群商业的一种体现。

互联网大咖李善友把社群的分类统统归于产品型社群,除传统意义的产品与服务外,魅力人格体的灵魂人物、明星达人类等都归类为产品型社群。

互联网时代,超高性价比的产品只是标配必需,情感附着才是强需。产品包含战略、管理、营销、服务等。当企业能够经营自身的产品社群,做到营销和产品合一、粉丝和用户合一,那么未必要通过产品直接盈利,有更多的盈利方式可供探索。

依据社群的载体形式,可以把社群划分为以下几类:

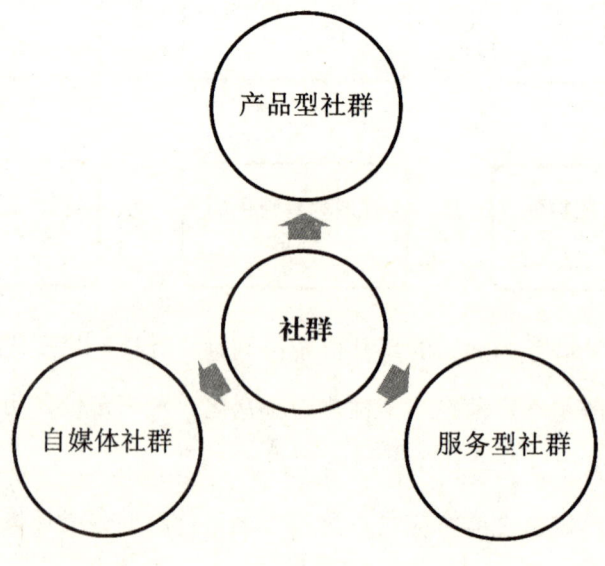

依据社群范围,可以分为以下几类:

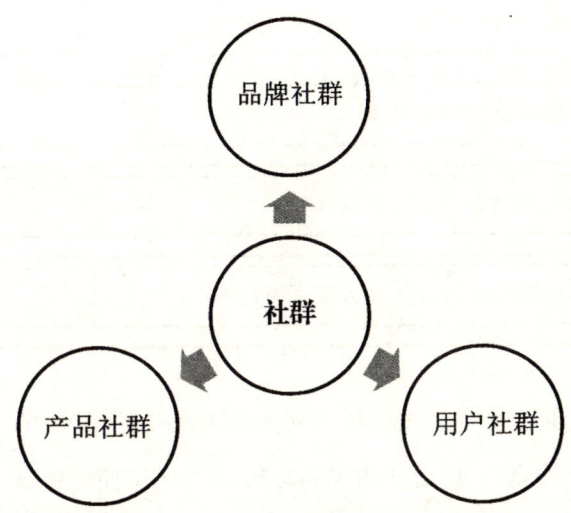

品牌社群是企业或社群属性有品牌个性化的社群;产品社群是某一类产品或行业的所有用户社群;用户社群是基于人为核心,跨行业、跨品类的用户群,也包含了不同个性化的子社群。

范畴不同,划分方法不同,运营方式也就不同,但无论如何分类,社群都是自由人的自由联合,每个人地位平等,一起互动、交流、协作,每个成员都能借助平台受益的同时也奉献于平台。

构建社群要有一定的前提和条件,构建新社群之初,一定要考虑为什么构建社群?怎样构建社群?拿什么构建社群?因为像罗振宇或雷布斯他们,在社群构建之初,也都是身先士卒找朋友、泡论坛,死磕公关才找到第一批天使用户。

构建社群必须具备的基本条件包括如下几个:

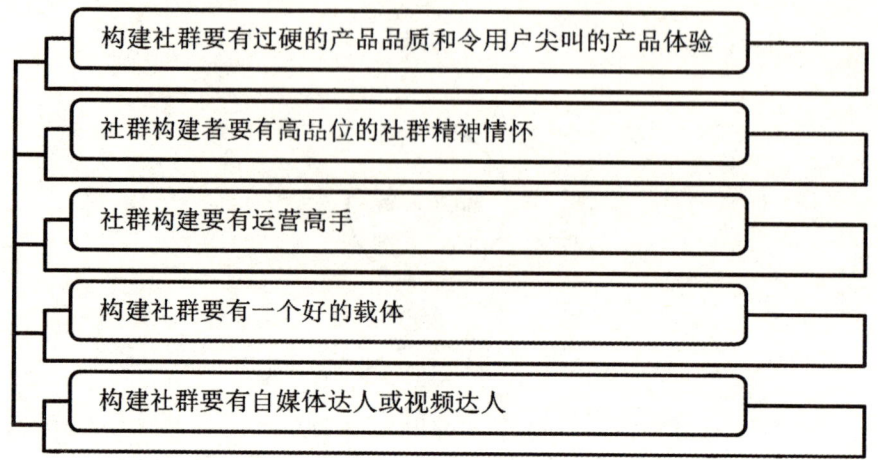

（1）构建社群要有过硬的产品品质和令用户尖叫的产品体验，产品必须是刚需高频，要么是购买的高频，要么是使用的高频，这是一切的基础。如果没有优质的产品或服务，就不可能建成社群。

（2）社群构建者要有高品位的社群精神情怀，能够影响一批意见领袖，最好是一个高感性群族人士。策划社群活动，强化身份、认同社群是一群志同道合的人的连接与聚集的重要保障。人与人之间的连接，只有在高频互动中才能强化成员彼此的联系，增加成员的归属感。社群成员必须要一起做一些事才能加深和固化彼此的感情，有共同的目标和共同的任务。有了共同的任务、持续的活动，社群才有活力，也才可持续。

（3）构建社群要有运营高手，运营高手制定与引导基本规则，运营社群的价值，引导社群用户驱动的自运营、自传播、自组织。

（4）构建社群要有一个好的载体。情怀类社群需要好的载体，一类是直接绑定具体的东西，比如读书、国学，这样兴趣着眼点可以比较明确，但范围会被限定，最终导致吸纳的人数达不到某个规模，社群会慢慢枯萎；一类是从理想等超现实的东西入手，可挖掘的空间比较大。

（5）构建社群要有自媒体达人或视频达人。因为社群运营中的一切行为皆媒体、一切内容皆营销，社群运营需要可视化。让运营行为激励、吸引更多的用户关注或加入，产生更大的连接价值。

以上是构建社群所需要的基本条件，如果不能满足，则构建社群只能是一个想象。

进行社群定位还要认真分析构建社群的目的，是为了销售产品，还是为了大家共同学习成长，还是为了提升品牌影响力，还是纯粹的公益组织或兴趣团体等，这些都会影响粉丝受众目标和后期的运营策略。

社群的目标人群，是行业大咖、精英团体，还是企业家、大学生，是像正和岛那样在一亿元以上身价的，还是像李善友那样的颠覆式研习社会精英的新锐创业者，这些也都是需要考虑的。

通过制度、层级和角色来区分用户，并通过权力和权益的不同分配、激励的干预和惩罚措施等影响、控制社群的集体行动，提升社群的认同感和执行力。

无论定位哪个用户群体，一定要分析他们的需求和社交场景。社群本质上是一套小范围内的生态系统，是一种部落化经济形态，社群本身要有自生长、自消化、自复制的能力，尤其是线上用户触点规划，对于社群的运营规则设计引导和会员活跃度提升都有很大的帮助。

切忌为了活跃社群，急功近利什么用户都要，这会降低用户的体验度。社群最关键的是通过价值吸引达到关系连接，关系的质量决定社群质量的高低。

确定社群目标用户之后还要注意以下三个方面：

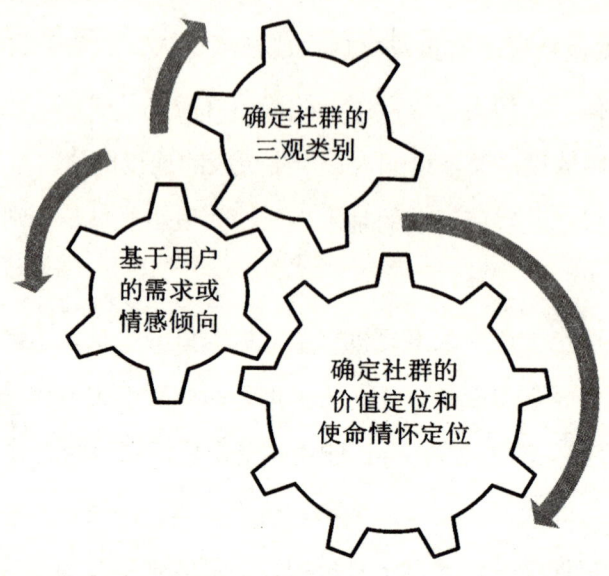

根据用户需要的价值类型及情感附着，确定横向社群范围。

根据资源及优势情况，选择社群的战略路径。确定纵向范围：看是从高势能切入，以高势能引领覆盖，高举高打，还是低势能单点突破，逐步叠加势能，多点布局；切入点上是直接从小点切入，垂直领域单点突破，逐步扩展覆盖，还是直接采取生态式布局。这些都和社群发起人本身的资源禀赋、能力、人格魅力、运营水平等息息相关。

最后，一定要选择风口。无论小米粉丝的智能手机快速崛起的风口，还是罗辑思维微信的狂飙以及互联网思维泛滥的趋势，都很大程度上加速并成就了他们。

所以社群定位一定考虑选择社群用户的结构趋势、载体趋势、情感趋势、工具趋势、运营手法等，只有识势、取势、造势，运营社群才能取得事半功倍的效果。

◎ 社群运行

社群简单理解就是一个群，无论载体是QQ群还是微信群，但社群需要有一些它自己的表现形式。比如社群要有社交关系链，不仅只是拉一个群，而是基于一个点、需求和爱好将大家聚合在一起。

社群经济的基础就是需要有这么一个社群，一个够垂直、够细分，并且具有一定特色的社群组织，有了群之后才有下一步的商业运营。一个社群体系一般有领袖、管理者、活跃分子几类，要确定不同的运营对象和潜在目标客户群体，社群经济想要落地一定要能够实现商业闭环。

一个社群，同一类人，主要有以下两大需求：

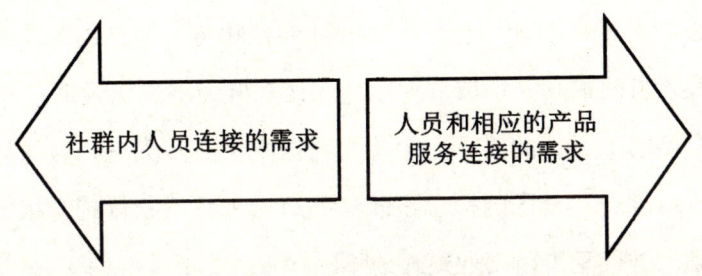

人与服务、产品连接的需求，是社群经济产生商业模式的关键点。

现今，商品的多样性已经远远多于可选择的，由规模经济产出的基础标准化的商品已经逐渐得不到特殊消费者的青睐。现在的消费者越来越追求个性化，如二次元文化，从被大众鄙视看不惯，到逐步走进公众视野，越来越多的企业转型，去满足这批二次元人群的喜好。因为时代在变化，主流也在变化，并没有一个标准化的存在会是一成不变的。

正是由于这种非标准化的突发性需求越来越多，而且能够直接带来消费和商业活动的开展,所以被引起重视,让各家企业虎视眈眈。但能够满足这类需求的并不是传统的商超,而是社群。

社群越大,凝聚的消费能力也就越大。社群运营需要的是顺势而为、野蛮生长,并不需要提前拟订各种假设,从发现需求、满足需求来实现闭环。使社群经济落地的办法主要有以下两个:

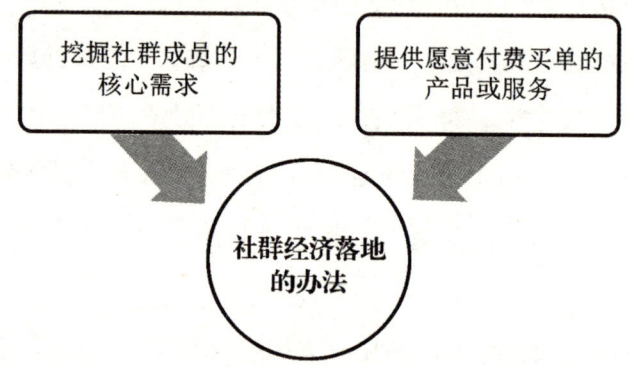

打造一个垂直细分、充分自主的社群,顺势而为推出产品和服务,满足这类人群的需求,形成商业闭环,让社群经济真正落地。

在互联网工具的助力下,个体力量迸发出更多火花,自媒体、自组织、圈子、社群、社区的概念不断被创造出来,不断得到升级,更多人在此基础上进行基于新商业模式的不断探索。

中国有句古话叫"物以类聚,人以群分",形象说出了社群经济的核心。人类本身就是社会性动物,群居、群聚、社交以及群组织是其天生具备的基本特征,无论在原始社会里为了保证生存安全,还是在工业社会里为了提高生产效率,群分一直伴随着人类的进化发展。

而"圈子"是人类这一基本行为特征的代名词,基于"老乡""校友""同事"等关系产生的,具有一点或者多点共同特征的人群的聚集,就自然形成了所谓的"圈子",这种"圈子文化"在中国古代的文化传统中占据了重要的位置。

"圈子文化"的经营或者运作一直存在,并较为普及,虽然普遍存在但是又具有一定的特殊性。它具有以下三个基本特征:

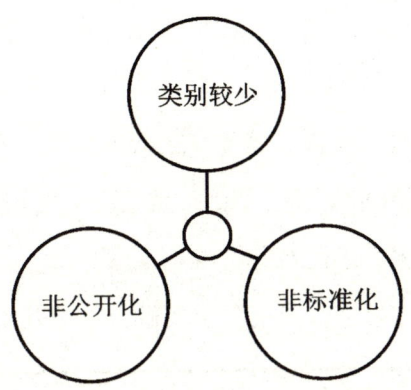

随着互联网技术的发展,信息传播技术水平得到了前所未有的提高,更多的个体力量崛起,曾经因为信息传播技术的限制无法得到充分共享的信息得到了有效传播。

多元的传播内容,或者更多具有相似圈子特征的群体得以借助互联网实现了连接,并且逐步发展运营起来。像基于美剧形成的美剧迷社群,拥有同一个型号私家车的车友社群,由军事迷组成的军事发烧友社群,还有基于钟表收藏爱好而形成的社群等。

技术的进步使得更多种类的兴趣被激发出来,同时广域的信息传播又使得曾经显得十分小众的特殊爱好的群体,突破了地域空间的限制,使其在互联网所能够连接的广大时空中充分交互连接,从而让曾经不可能形成的社群得以呈现。

比如在北京仅有两个个体有着相同的兴趣爱好,但因为有了互联网,可以超出北京,甚至是在北京乃至全国、全球范围内去聚合拥有同样兴趣爱好的个体,并且形成线上线下的在整个中国乃至全球范围内的统一兴趣爱好群体的社群,其个体总数足以形成社群所需要的数量。这在过去是无法想象的。

同时,在社交工具和通讯技术的辅助作用下,社群关系的维护变得十分便利。还可以拓展出更多的社群关系并运营自如,使社群经济得到了更大范围的普及。

社群经济的兴盛,让曾经属于少数人的所谓专利的社交能力,成为了普通大众个体都能够充分利用和掌握的工具,能够进行广泛的社交,使社会价值得以实现、让社会身份得到认同。

对于每一个个体而言,在社群中要做到以下几点:

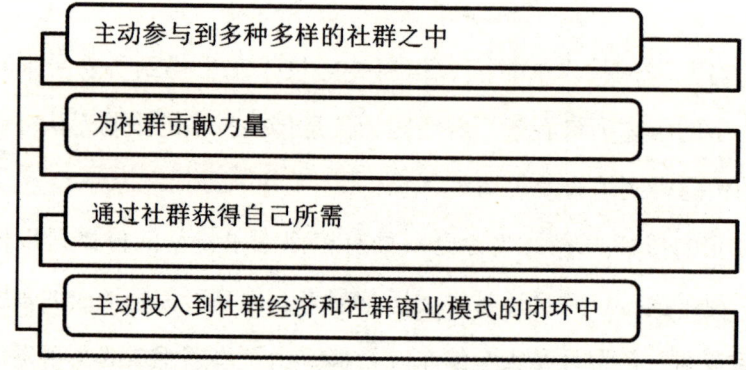

- 主动参与到多种多样的社群之中
- 为社群贡献力量
- 通过社群获得自己所需
- 主动投入到社群经济和社群商业模式的闭环中

社群经济模式中,传统意义上的买卖关系继续存在,但是互相之间超脱买卖关系之外的协同关系或许会成为主流,比重可能会彻底超越买卖关系,基于共同利益条件下的自由协同或许会成为趋势和常态。

社群经济是传统意义上的大众经济学垂直细分的必然结果,使得曾经泛泛而论的经济角色细分,然后被诸多的具有个性化色彩的经济角色所取代,也就诞生了更多的小众群体和自成一体的自由经济体。

它预示着曾经面向大众的经济现象和规律被重新定义,同时催生基于社群经济模式之下的技术、平台、商业模式、社交方式、协作关系、交流模式等新的变革。

社交网络把人和人、人和企业、人和兴趣等连接并产品化,uber、滴滴打车把出租车和乘客连接并产品化,社群经济时代需要创新法则,连接一切就是改变一切。零售企业需要去洞察和理解连接的意义,用技术、数据、情感去连接人群。

社群经济要求企业组织自身的社群化,要求生态链的社群化,要求客户关系的社群化管理,建立以用户为中心的服务模式和产品模式是社群经济的基础。

社群经济的特点有以下四个:

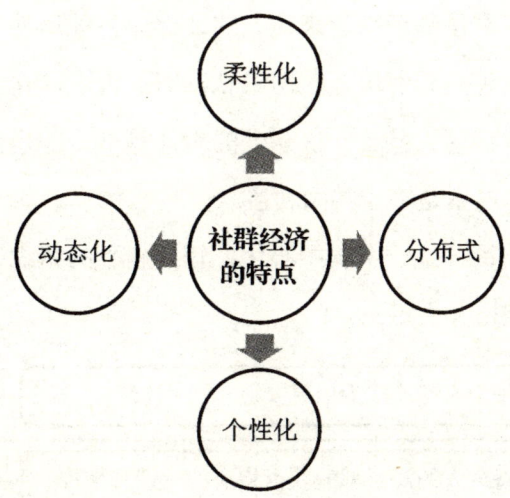

无论是小个体,还是大企业,或是机器人,都可以选择自己能力范围内的服务单元,并接入到大平台里,大平台提供云计算、电商、大数据、商业智能等核心能力。

未来的社群经济还是在工业化社会里用互联网社群的产品、技术来连接和重构社会和经济,产品即文化,产品即社群,社群经济要依托于产品创新。

◎ 社群经济是人本的回归

社群已经成为现代企业进行市场推广的标配，不可否认社群具有精准、高效、渗透等多项优势，然而真正把社群做到位的大众品牌少之又少，社群对于一个企业来说往往听上去很美好，但现实却很残酷。

社群不同于集群是因为其并不是单纯元素的积累，社群更加强调内部的社会关系。社群内成员之间的交互是依靠共同利益来维系的，这里所说的共同利益经常会以共同兴趣的方式表现出来。

大部分的社群是基于兴趣来建立的，比如各种运动、乐器的爱好者社群，但也有基于共同经历、共同隐私、职业诉求等建立起的社群。比如很偶然的一次活动，甚至一次意外的事件等都可能是促使社群成长的原因，所以究其根本是在于共同利益。

现在所说的社群是一个弱中心化、较为扁平的组织，个人话语权与在其他组织中相比大大提高。

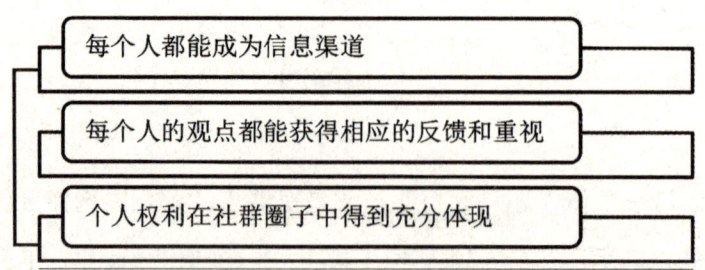

另外，一个社群的日常状态就是在共同规则下自由交流，高频的内部互动也是弱中心化的体现。

现在的社会是一个工业化社会，是在工业化思维下建设的城市，工业化吞噬了社会的组织模式、情感模式和生存模式。

在推动汽车产业发展、鼓励更多人买汽车的同时，造成了城市的拥堵；在食品工业化大发展的同时，食品安全问题却一直处于半失控状态；人们有钱出去旅游了，但造成了旅游资源的过度使用和春运式拥挤。

人类的文明史是一部工具进化史，当人们的物质生活变得越来越优渥，出现了时间消逝殆尽、健康不在、亲情疏离的问题。人类过去的线性需求供给模式需要及时改变，人类需要解决自我现实的上限和线性工业时代之间的矛盾。

跳进社交网络里，会看到过去看似高大上的硬广告现在几乎没有人再用了，人们更喜欢对话式的情感营销。这一切是互联网的人本主义回归，社群经济就是人本回归的最好载体。

从人本角度看，过去经济社会的治理模式是将人类社区物化的过程，物化过程带来了社会经济的解构和重构，也带来了现代化社会的结构化、数据化、可管理化。

社群经济是人本回归，是现代工业社区的重构和再组织，让技术、数据、管理等硬邦邦的词语为人服务。社群经济下已经衍生出的分享经济、粉丝经济、C2B等已经带来让人震撼的发展，随着创新模式的不断涌现，社群经济将会成为主流经济形态。

用社群内容吸引客户

在社群中，内容不仅是一种备受追捧的营销形式，更是企业实现营销目标的方法。

创建社群,首先要吸引粉丝的注意力。作为人与人的聚合,缺少了真实粉丝的存在,社群就无从谈起。借助不同的平台汇集粉丝,并打通与社群之间的通道,这样才能更好地促进零售企业发展。很多企业在社群的道路上,又走上了传统的零售一方买一方卖的道路。

对零售店来说,必须要做到以下几点:

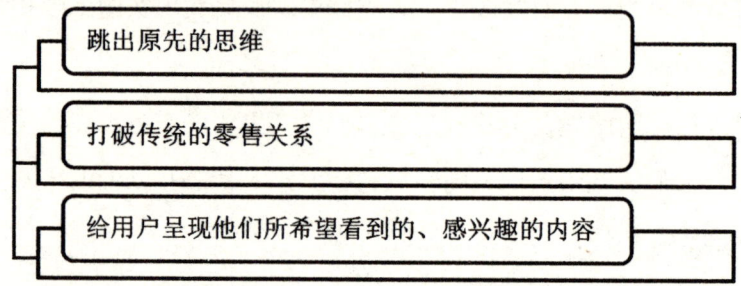

只有呈现用户感兴趣的内容,零售企业的社群才会有价值,才会更好地促进企业的发展。

在当前的社群营销中,很多企业会在内容的选择上失去方向。有的企业没有进行市场调研,没有观察了解用户,就在社群中发布一些肤浅、无聊、没有价值的内容。客户不仅不喜欢这些内容,甚至会厌烦,从而对社群失去信心。

一些企业常常忽略社群的力量,对社群成员不够重视,迟迟不更新社群消息。即使更新消息,消息的内容也是肤浅没有价值,这些内容对于用户的吸引力几乎为零,甚至会起到反作用,不利于企业的发展。

内容是社群价值的体现,也是社群运营的基础。没有内容,社群就会显得单调,难以满足更多人的需要。所以,在社群运营过程中,内容需要丰富起来。

要根据社群的特色、社群成员的属性和需求来做内容。同时，有了优质的、有社群特色的内容之后，随着社群内容的传播，可以扩大社群的影响力，形成品牌，吸引更多成员的加入。

一个社群能否持久发展，不是说看社群里的成员人数有多少，而主要是看社群有没有内容。社群没有内容，很难形成社群价值，无法扩大影响力。因此，内容是社群成功的基础与前提，也是吸引成员加入的重要因素。内容可以通过以下介质呈现出来：

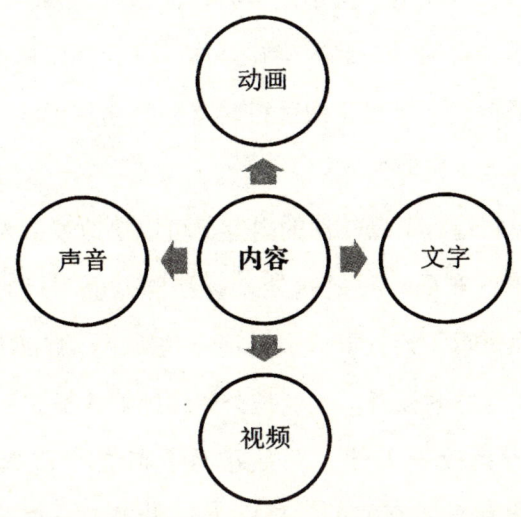

这些内容相比于单纯的文字更能吸引社群成员的眼球。

成功的社群有一个共同点，就是他们的社群内容并非单一，而是非常丰满、多样化。因此要提供给社群成员丰富的、他们感兴趣的、能让他们从中获益的内容。

就小米而言，一年一度的米粉节，会为用户送上各色各样的内容，比如各种抽奖、免单、赠送、新品试用等。而且雷军还会以米粉为主，送上更多情怀内容，让米粉的感情更加根深蒂固。

想要更好吸引成员，还需要给用户抛出爆炸性的内容。所谓爆炸性就是非常让人惊讶的，或者给人惊喜的，或者让人想不到的。这类信息往往在抛出之后，就会立刻得到热烈的传播。

比如当年做英语培训的罗永浩，忽然宣布要进军手机市场，并想要做锤子手机。当时，这个信息震惊了网络乃至科技圈。人们对老罗的这种想法表示怀疑，很多人认为他是在炒作、作秀，也有人认为老罗"疯了"，更有人认为他是一时冲动。

其实罗永浩没有冲动，也不是作秀，他是真的要转型进入智能手机科技市场。但是在营销上，他的确在炒作，因为他用这样的一个爆炸性信息出名，甚至自己还未真正做手机时就已经名声大躁，吸引了人们的目光，成为了智能手机界的焦点。

所以，适当制造一个爆炸性的内容，可以快速吸引人们的眼球。

真正有价值的东西，不是四处宣扬社群，也不是对外人宣扬社群有多么优秀，而是真正给社群成员呈现一些实用、有价值、有意义的东西，这样才能成为好的社群，才能长久留住社群成员。

互联网并没有改变人性，正如霍普金斯在《科学的广告》中所说，"人类的本质是不会变的，现在人和古代人没有什么两样，所以基本的信息学原则依然牢靠，因此你不需要将学过的心理学原则全部打破、重新建立"。

人性没有变，但是用户的阅读习惯和行为因为信息传播渠道的变化而发生了变化。随着移动互联网兴起的碎片化阅读让用户的专注力下降，"精简"显得更为重要。

社群内容要做到以下几点才会更多的吸引用户：

第7章 社群营销

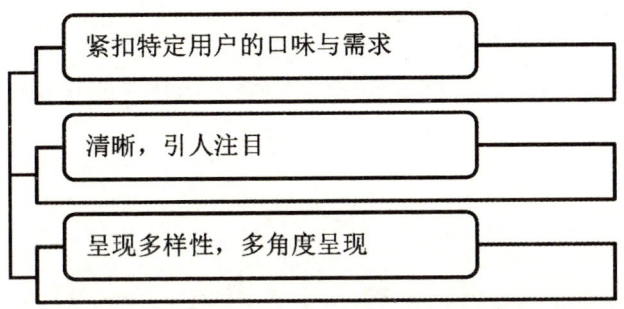

社群内容要紧扣特定用户的口味与需要。在信息大爆炸的时代，四面八方到处都是信息。这就需要零售企业挖空心思让社群自身的内容与成员密切相关。

不同的目标群体，有不同的需求，只有了解并抓住自己社群目标群体的实际需求，并且能够解决他们的这些需求，那么社群才能更好地吸引成员的加入。

社群内容要清晰，引人注目。简单直接讲述用户能够理解并且容易产生共鸣的内容。内容质量要高，制作精良，有一定的趣味性，要言之有物。内容有真实情感，让人们能够感受到内容制作者的心意。

内容还要呈现多样性，用漫画、音视频、图片、文字等多角度呈现。

因为产生了有态度、高质量的内容，让社群中爆发大规模的互动圈层效应，最终点燃社群成员的共享激情，从而使得社群实现良性循环、健康发展。所以，内容是一切社群活动的核心驱动因素。

搭建多种平台，渗透用户

社群的核心在于连接，而人是必不可少的因素，一个社群创建之后，如何吸引成员来加入，是社群运营初期最重要的问题。借助不同的平台汇集粉丝，并打通与社群之间的通道，这样才能完成社群建设。这些平台主要有：

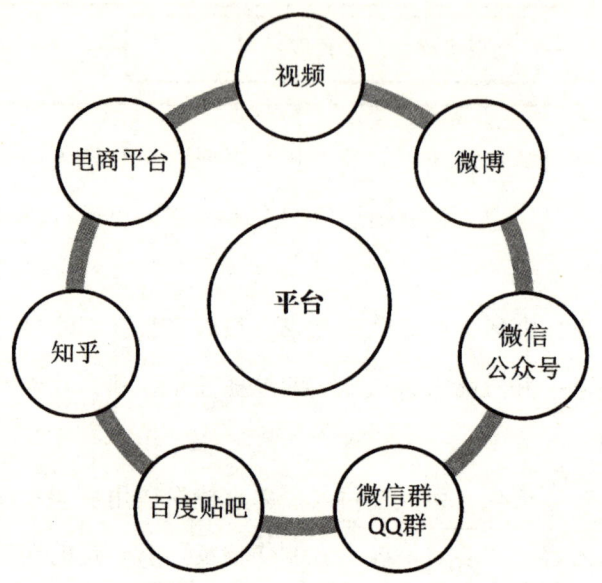

（1）利用优酷、腾讯视频、哔哩哔哩动画等视频平台。移动互联网时代，人们在线看视频的方式更为便捷，因此各类视频网站的人气极高，例如优酷、腾讯等，每天的浏览人数都达到了百万级。

讲到视频，自然离不开现在很火的直播。腾讯和新浪都是各自领域的社群社交王者，所以相信两者力推的腾讯直播和一直播都具有巨大的成功机会。

"社群+直播"会为社群带来更多的客户。网红经济的到来，催生了直播市场的快速爆发。提到网红经济，就必然提到其背后的平台，拥有秒拍、小咖秀、一直播三驾马车的一下科技短短两年多时间已经估值25亿美元。

曾轰动业界的网红经济天价广告，papi酱贴片广告卖到2200万元，其背后的运作操盘手正是社群自媒体第一人——罗辑思维创始人罗振宇。

毫无疑问，有影响力的社群领袖就是网红。只要是在某一领域有影响力，拥有大量粉丝的人都可以称之为网红，早些年的芙蓉姐姐、凤姐、抱猫妹妹等都是网红。现今国内有影响力的社群都拥有大量的会员，社群是一个开放的生态圈，单一的信息互动不能充分激活粉丝的活跃度，所以视频互动无疑更能提升社群活跃度。

现在有不少社群领袖开始通过直播和社群成员互动。之前罗振宇参与直播活动，吸引了几万人的在线关注。吴晓波也通过直播全程互动了新款酒的发布，未来将会有更多的社群领袖开始重视直播平台。

网红社群第一品牌17火，提醒网红要重视社群化发展。仅仅两个月的时间，17火的创始人李七喜就已经通过某节目获得过千万元的估值。17火网红社群内的不少成员已经开始通过社群化的思维组建自己的社群，通过直播平台吸引粉丝，每次直播之前让粉丝分享到朋友圈和微博，迅速提升了其在直播的影响力。

电视购物应该算是最早的直播模式，通过电视直播导购员讲解的方式来销售产品，只是随着电视等传统媒体的衰落其影响力已逐步减弱。而现在移动购物直播平台将开创全新的移动购物模式，越来越多的零售企业通过社群直播来进行销售。

在直播的过程中，不仅可以通过聊天对话框和主播互动，还可以通过直播平台一键抢购所演示的产品，并且还增加了货到付款功能，让消费者可以放心购买。这种较高的转化率也开创了社群直播变现的先河。

现在已经有多个一线品牌卖家合作视频购物直播平台，移动视频购物直播模式或将成为新趋势，更多的产品会考虑通过结合社群直播力量变现。

如果我们有一定的技能特长，并围绕该特长创建社群，那么我们可以通过录制视频、视频直播等方式吸引成员加入。如果个人能力很强，录制的视频很有质量，那么对于吸引成员加入社群是非常有效的。

（2）利用微博平台。微博平台是社群运营的主战场，具有快速发言、公开阅读的特点，非常有利于社群的发展与传播。尤其是新闻类、娱乐八卦类微博账号，具备极高的人气。因此，借助微博的特点，同样可以起到引流的效果。

（3）利用微信公众号。微信朋友圈的兴起，让微信公众号迅速大热，成为社群内容推送的主要渠道。微信公众号通过以下几个特点，点燃起社群成员交流、互动的激情：

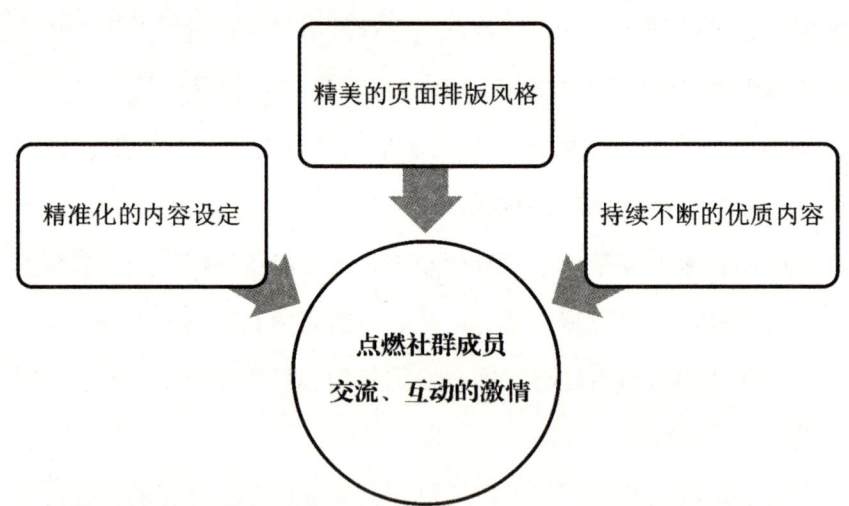

以罗辑思维为例，不管是罗辑思维会员的招募，还是售书，或是真爱特供，罗振宇都用到了一个顶级的营销阵地——微信社群。

当罗振宇以"爱读书"这一兴趣，将人群通过微信聚集在一起时，就形成了"社群"，而且有了领袖，这个领袖就是罗振宇。

领袖罗振宇向社群注入信仰,这种信仰又被社群高度接受。这时,社群就有了巨大力量。当社群的力量通过微信这种方式传播覆盖后,将会产生巨大的力量。

那么,罗辑思维的顶级微信社群是如何打造出来的呢?

微信用户群具有年轻化的特征,20~30岁之间的青年占总用户的70%。这些青年对于"群组"有着强烈的认同感。同时,由于不用挣扎在温饱线,他们关心的不再是商品的本质功能,而是价值层面的契合和精神引领。他们要的是"相互选择",不仅自己要选择,也要通过"被选择"来寻找身份认同。因此,"罗辑思维"打造社群的第一步就是"选人"。

罗辑思维有着自己明确的定位,定位于微信的多数用户——"85后",专注于"爱读书的人",志在凝聚爱智求真、积极上进、自由阳光、人格健全的年轻人。

网络了一群"爱读书"的年轻人后,罗辑思维又将自己的会员进行了分类。在会员招募时,将会员分两档,以确保人们购买这个会员资格是认真的。招募会员时,罗辑思维要求一定用微信支付,其他支付工具一律不被许可。

聚集起拥有共同价值观、共同理念、共同兴趣爱好的会员后,为了固化会员的"自己人效应",罗辑思维非常注重培养会员共同的习惯。

他们通过做情景化思考,培养用户的阅读习惯。语音微信每天固定早上6点20左右发送,阅读公众号的用户起床打开手机后就可以听到"马桶伴侣"的定期播报,很多粉丝最后养成了每天一早听"罗辑思维"的习惯。

在社群中,要营造粉丝的归属感,产生"自己人效应",除了线上的互动,线下的活动也分外重要,真实的接触,更能激发那些源于热爱的、自由人之间的联合。

2014年,罗辑思维发布了一个"霸王餐"游戏,发动社群成员为一顿互联网思维的"霸王餐"献计献策,结果用户自发联络餐馆,参与组织和执行。游戏将粉丝与罗辑思维、与互联网、与社会连为一体,形成规模化社群效应。

在回馈用户的活动方面,无论是赠豪礼还是"与罗振宇一起到福建茶场采茶",没有硬广告,却都有较好的市场效果。

罗辑思维通过三个步骤,将拥有共同兴趣、爱好的人聚集在一起。这三个步骤是:

罗辑思维最具价值的地方,就是通过媒体建立了一个社群。通过微信公众号管理社群,要注意以下几点:

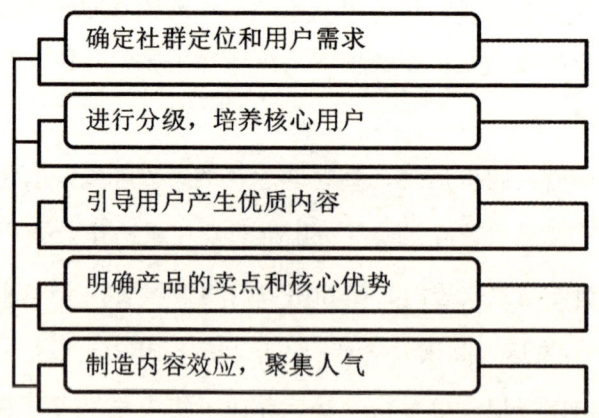

罗辑思维确定社群的定位,确定用户的需求并满足大部分用户的需求。用户加入公众号,无疑是想获得优质的信息,如果公众号不能满

足用户的需求,他们随时都会离开。但是公众号不可能满足所有人的需求,因此,要根据用户的具体情况来运营。

罗辑思维将用户进行分级,培养核心用户。按照金字塔模型,位于最上方的用户是核心用户。这部分用户通常会在微信群或者平台的后台留言,提出意见或建议。这些人不仅利用了公众号平台,而且他们也在促进平台的改进,使其发展得更好。这部分人是活跃整个群体的主要人群,要与他们保持密切联系。

罗辑思维引导用户产出优质内容。先要确定产品的定位,明确这款产品的目标用户,以及产品的卖点和核心优势。一款产品如果没有一个明确的定位,就让用户找不到归属感,无法有效沉淀用户。

明确产品的卖点和核心优势之后,把一些比较好的内容放在用户比较容易发现的板块。可以找一些圈内好友,或者请水军帮忙灌水,并请一些业内专业度较深、比较有独特见解的资深人士帮忙制造内容带动。

等到社群开始有一些人气的时候,再筛选出目标用户;然后到目标用户活跃的各种社区、论坛、贴吧等去宣传,带入另一批目标用户进入社群。

社群有了一部分用户以后,除了需要不断地创造优质内容,还需要提升社群活跃度,沉淀用户,让越来越多的用户变成忠实用户。另外还要防止社群产生只看不说话的"僵尸粉","僵尸粉"的存在会降低社群活跃度,那么就需要在沉淀用户的同时提高社群活跃度。

(4)利用微信群、QQ群,发动"红包大战"。以"简单粗暴"的模式,让越来越多的社群运营者发现:红包可以吸引大量新成员的加入。

抢红包现在已经不局限于"多少钱",而是成为一种氛围,一种现象。比如有些人在路上看到1毛钱都不捡，但是在红包群抢到1分钱就觉得是一笔巨款。红包的出现，为社群带来了一种狂热的"游戏场景"。一时间，社群成员数量激增，社群活跃度暴涨，无数新人通过各种渠道加入社群，意图加入这场激烈的"抢红包大战"之中。

但是，社群不能过分依赖红包模式吸粉，红包吸引力也是短暂的，应该将主要精力放在社群运营和维护上。

（5）利用百度贴吧。百度贴吧是最具有社群属性的互联网产品，形成、管理、运营都是由网友完成，可以说具备了社群最基本的三个要素。几乎每一个贴吧都是一个社群组织，贴吧具备两个非常有利的属性。

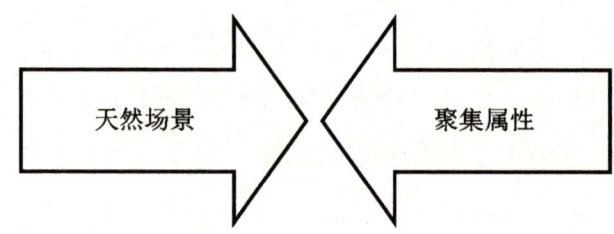

贴吧一旦建立，社群运营者就应当设定相应的基础吧规，鼓励用户多发言、多交流。贴吧运营初期，可以多借用网络资源，给贴吧带来一定的话题，并主动加入讨论。一旦有成员发布品质极佳的主题帖，应当及时加精、置顶，激发用户的活跃度。

社群的一个重要特点，就是"去中心化"，太过强势的管理层，势必会引起吧友的反感。因此，身为贴吧吧主，对于贴吧的管理，要尽可能交给吧友完成，如小吧主的选举、贴吧细分小组的成立、贴吧完整吧规的形成，乃至活动的发起等。让贴吧成员感受到自由的同时，又有足够的共同兴趣话题形成，一套完整的贴吧社群运营架构自然水到渠成。

（6）利用知乎。知乎作为知识分享类网站，近年来发展极为迅速，已经成为国内顶级的分享类社群。知乎的特点，在于内容既保持了足够的专业程度，同时还具备丰富的互联网文化，因此，受众群极为广泛。

通常来说以下四类社群较为适合在知乎上进行粉丝聚集：

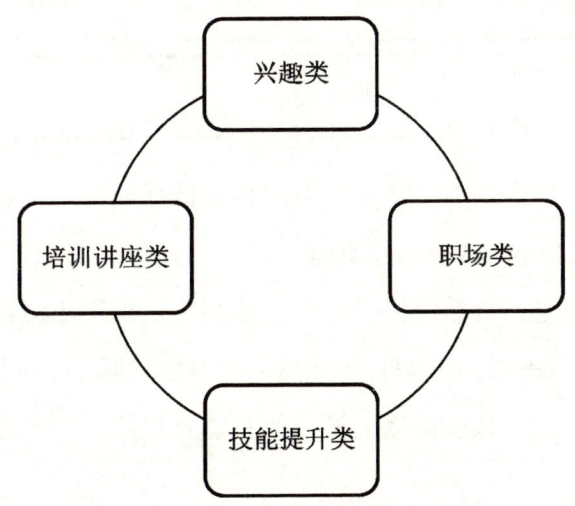

同时，知乎的回答限制较少，可以留下联系方式、网站信息、品牌信息等，因此很容易形成引流效果。

一旦进入知乎的世界，就必须不断提升自我能力，并学会自我包装，成为某个领域的"达人"，可以创造出源源不断的场景，这样才能实现粉丝聚集的目标。

（7）利用京东、天猫、淘宝等电商平台。这些平台同样具备粉丝聚集的功能。而实现这一目的，主要依托于电商平台的论坛、社区。尤其是结合社群产品进行的分享，更能产生极佳的场景效果，从而实现粉丝引流。

在以下几个条件推动下,移动社群电商应运而生:

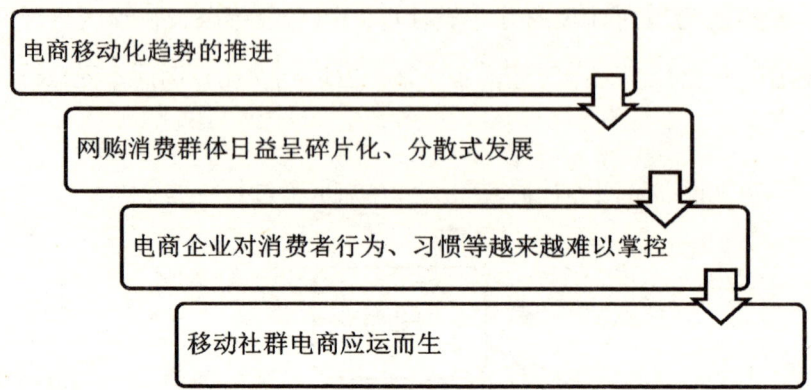

社群在以内容获取关注的过程中,间接形成了一种难得的价值认同,相当于将分散的潜在用户重新归集在一起。

移动社群电商与社群用户之间的情感维系和道德情怀,极大地约束了不诚信行为的发生。以口碑传播为首要推广渠道的移动社群电商,对产品质量和用户体验高度关注,因为这直接决定了市场的未来发展空间。

移动社群电商的优点可以用下图表示:

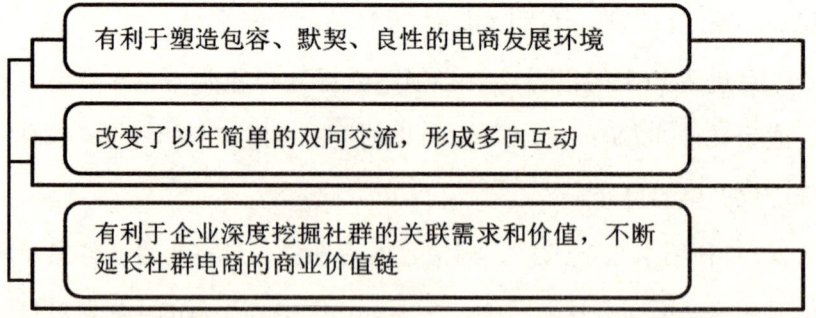

对传统零售企业和电商来说,健康有序的商业环境更有利于企业创新,企业能够真正投入精力在产品研发、服务升级、良性营销等领域,

用最好的产品和服务来回报关注企业成长的社群用户,间接推动用户传播的积极性,不断壮大企业实力和品牌影响力。

抓住用户,玩转社群

当获取流量的时代一去不返,社群凭借其低成本、高黏性、高回报,已经成为用户发展、用户运营、内容传播、商品营销的重要载体。不少创业公司纷纷尝试搭建社群平台,但成功者凤毛麟角。

◎ 用户参与

小米手机是智能终端领域的一匹黑马,小米的核心产品是小米手机、小米电视、小米盒子。其销售主要有两个渠道:

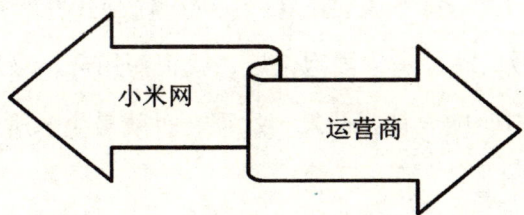

其中小米网的权重占70%,通信运营商渠道占30%,这跟很多传统的厂商是相反的。

小米从粉丝经济过渡到社群经济的历程并不顺遂,但作为最早打造出社群的案例,仍给后进者不少启示。在创立之初,小米就定位于"走群众路线",通过为用户营造参与感,打造"100个梦想的赞助商",

并借助社会化媒体形成了早期种子用户的爆发。

小米选择运营的第一个社群是论坛，对不同互联网社群渠道保持着鲜明的功能化分工：

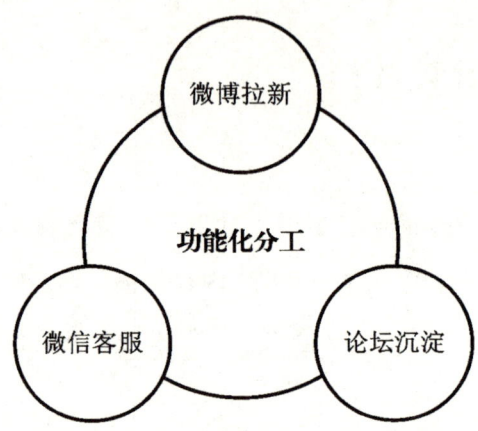

微博的强传播性适合在大范围人群中做快速传播，获取新的用户；论坛适合沉淀、持续维护内容运营，保持已有用户的活跃度；而小米把微信当作一个超级客服平台。

早期做MIUI时，雷军说要不花钱将MIUI做到100万用户。于是黎万强就通过论坛做口碑：满世界泡论坛，找资深用户，最后选了100位超级用户，参与MIUI的设计、研发、反馈，也就是小米所谓的"100个梦想的赞助商"。

雷军每天会抽出一小时回复微博上的评论。每个工程师每天要回复150个帖子。而且，在每一个帖子后面，都会有一个状态，显示这个建议被采纳的程度以及解决问题的工程师ID，这给了用户被重视的感觉。期间小米还积极与米粉交朋友。

在用户投诉的时候，客服有权根据自己的判断，自行赠送贴膜或其他小配件。小米还会赋予用户权利,成立"荣誉开发组",让他们试用未发布的开发版产品,甚至参与绝密产品的开发。这给了用户极大的荣誉感和认同感,让他们投入更大的激情参与产品的升级。

此外,还有线下的小米"同城会",跟用户交朋友,让发烧友最先体验产品等等。这极大地增加了用户的黏性和参与感。除了营造参与感,米粉节也是小米回馈众多米粉的节日。

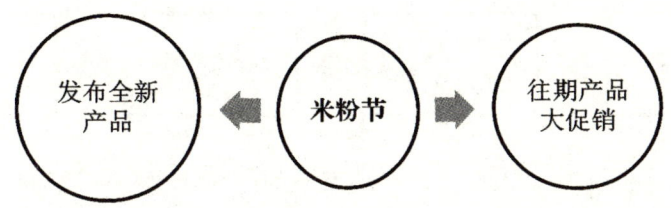

利用极其诱人的促销折扣吸引粉丝疯抢产品,创造了一个又一个销售奇迹。2016年米粉节,小米网总销售额突破18.7亿元,累计参与人数4683万人,游戏参与10.2亿次。

此外,小米注重口碑营销。小米的口碑营销和传统意义上的"口碑"不太一样,传统的"口碑"目的是拉回头客,也是为了快速推动进行购买决策。但小米的"口碑"是制造一种新闻效应,用这种新闻效应和权威动能去挤压用户进行购买决策。

小米打出的核心概念是手机,但另一方面,小米切入了包括空气净化器在内的很多领域。小米专注于社群营造的品牌,然后在社群中建立产品的"护城河",最大限度地释放品牌的势能。从这个角度看,小米特别注重社群价值的挖掘。

无论是产品发布的速度,还是业绩发展的速度,小米的速度都很快,甚至向竞争对手学习的速度也非常快。

◎ 用户成为商业节点

不少人认为罗辑思维是靠内容引流、靠广告变现的媒体平台，但罗振宇并没打算靠视频广告来挣钱，微信微博里高活跃用户才是他最看重的。罗振宇的运行步骤如下图所示：

罗振宇要让每个人靠自己在朋友圈当中某一个小领域的权威和信任形成资产，借助大量的人群去重建商业文明。

罗辑思维首先将目标用户定位为85后白领读书人。这类人群有共同的价值观，并渴望在社群中找到精神上的优越感。罗辑思维为这群用户提供独立思考的启蒙和捷径，最大程度唤起用户独立思考的能力，激发用户的动机并养成分享习惯。

罗辑思维的社群模式，本质上是让用户尝试着去思考，社群定位于白领用户，这一点就注定了用户基本上是主动参与其中的。罗辑思维的社群带给用户的满足来自于参与感，在学习知识方面，除了长期提供给用户高大上的逻辑思维，有时也会传递一些接地气的生活知识传递。

在共鸣方面，通过60秒的讲故事方式来占领用户的琐碎时间，在故事的逻辑层面上简单易懂，最后听完了语音还可以回复关键字看文章，以进一步来加强深度的共鸣。

因为是白领人群，所以符合白领特征的就会被提炼出来。比如用户会为精神上的匮乏而寻找一个希望的寄托，因忙碌而找一个偷懒的理由，希望自己也会成为一个逻辑大师，让自己试着去思考一些问题。罗辑思维的社群是以占领用户的心智为基础的，具备很高的忠诚性。

视频是罗振宇建立社群的入口和名片。通过视频的大范围传播，持有与他相同价值观的人才能够在微信上聚集，参加各种互动。

罗辑思维同时连接内部会员关系：比如举办"霸王餐"活动，让会员说服全国各地餐馆老板贡献出一顿饭，供会员们免费享用，借此达到传播的目的。

除此之外，罗辑思维向外部扩散，比如售书活动、众筹卖月饼活动、柳桃的推广活动等。借助这些项目，社群里的人可以对外销售商品，从中得到回报。更重要的是，那些有能力、有才华的人可以在罗辑思维300万用户面前展示自己，靠自己的禀赋获得支持，形成一个新的节点。

罗辑思维有内容互动也有精神上的价值输出，最后还养成了用户的付费模式。罗辑思维将社群做得风生水起，可圈可点，为很多内容平台提供了很好的转型方向。但平台太倚赖罗振宇的个人影响力，这也会成为其发展的瓶颈。

◎ 让用户合作

黑马社群作为新型的大众创业孵化加速器，以创始人群体的需求为核心，打造了一个集学习成长、融资路演、推广咨询等服务为一体的创业服务生态圈。黑马社群本质上是让用户之间产生深度合作或交易关系。

黑马社群定位很清晰，他们面向的并不是小白创业者，而是有一定基础的创业者，这部分创业者具有以下优势：

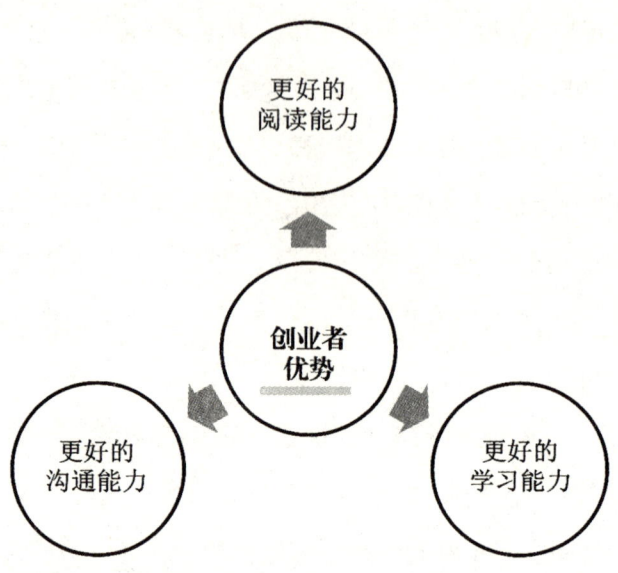

　　这些具有优势的创业者已使黑马社群的连接成功了一半。这解决了创业社群中最难实现的痛点——社群资源的分享机制和学习机制，这些也决定了创业社群自身的商业模式。

　　因为从圈子到信仰都非常相似，因此黑马社群的用户都是自发发起和参与社群活动的，这要比罗辑思维社群更具有主人翁的精神。

　　黑马社群有电商、文创、硬件等诸多垂直产业生态矩阵，每一个垂直产业都有一个相对垂直化的分组，创业家的创业社群是跨界创业社群，产业深度垂直孵化和跨界的边界突破更容易催生创新和新的商业模式。

　　黑马社群注重线下互动。在黑马的创业圈中，从创业企业的发展规模划分有黑马营和黑马会两个圈子。在黑马商学院培训的角度有黑马大师兄和一期一期的小班级圈子。

　　从行业和地域的角度划分，黑马社群全国有25个城市分会和20个行业分会，创业者可以按照地域或者行业自发组合起来。多维度的创业圈，让创业者们有更多的圈子资源的交集，未来可以更好地合作和成长。

黑马社群致力于打造用户的参与感，通过举办以下活动吸引黑马社群的用户参与其中：

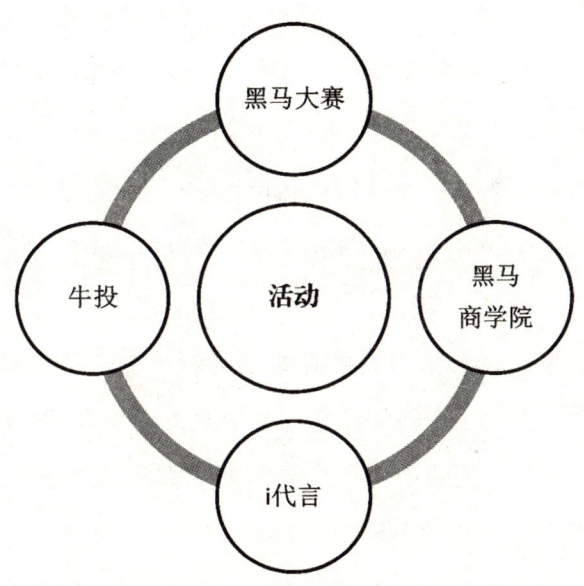

这些活动之间也都有一定的产业链联系。

在精神层面上黑马社群致力于优越感的打造，《创业家》及i黑马的媒体报道，以及加入拥有优质创业者的黑马营和黑马会，这些优越感的打造让创业者更有社群的归属感。

除此之外，一年一度的黑马运动会更是让创业者和业界大佬们熟络起来的好机会。这场"思想+体育"的创新竞技运动会，被创业者们称为"黑马两会"。在2016年的黑马运动会上，黑马还推出了"学霸计划"，在资本寒冬中，全力以赴寻找过冬姿势和打法，形成具有实战精神的创业学习型社群。

黑马社群拥有触媒式人物，也就是黑马社群的创始人——牛文文。

黑马社群如今已经成为中国第一创业社群，牛文文也成为了中国很多创业者心目中关于创业的一个触媒式人物，而他更是无时无刻在传播着黑马社群的信仰。

作为社群的灵魂人物，发起者牛文文在社群中起到定海神针的作用，被很多创业者当成创业标杆。而黑马社群强大的凝聚力来源于共同的信仰，社群成员坚信草根创业者的力量。

"让创业者不孤独"，这句slogan让大多数经常遇到困难和无助的中国草根创业者找到共鸣，这种信仰的力量也帮助其快速凝聚海量核心用户。

更重要的是，尽管信仰是触媒式人物提出的，但在运营过程中，通过黑马社群，先成功的创业者们还在帮助成长中的创业者们，最终通过创业者之间的互相帮助和合作，完成共同成功。这是一个自我运作过程，脱离了"粉丝经济"的明星式崇拜。

纵观投资黑马最给力的资本大鳄，它们也在呈现多元化的发展趋势。除了传统的投资机构和企业投资者之外，很多新兴的基金和众筹平台都是牛文文背后坚定的支持者。

除此之外，黑马社群中的互联网新贵们，也在成为投资黑马的主力。这让黑马平台的运作形成了良性循环，也为平台持续发展提供了最基本的资金基础。

◎ 让用户更专业

社群经济的基础是人，玩社群经济就要汇聚更多的人。社群经济的商业逻辑一定是先把人运营好了，才能谈经济，不管是靠内容收费、靠电商赚钱，还是靠活动营销，人运营好了，盈利就是水到渠成的事情。

作为模式清晰的内容变现社群，吴晓波频道最重视以下三个方面：

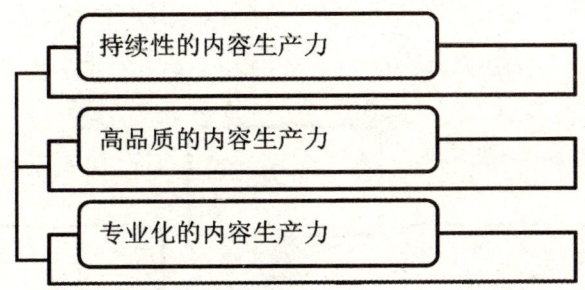

其中最大的创举是建立一个有刚性需求的细分市场，树立自己的风格，快速积累用户。随着用户基数和黏性达到一定的程度，内容本身变现或者嫁接商业价值就会水到渠成。

作为国内最出色的财经作家，曾被评为"中国青年领袖"的吴晓波，在财经爱好者群体中具有极强的号召力。2014年5月8日，吴晓波频道上线，每周二、周日各推出一篇财经专栏文章，周四在爱奇艺播出三十分钟左右的视频脱口秀。2016年11月9日，"吴晓波频道"公众号的粉丝突破了200万。

吴晓波认为，社群人数的增长和付费比例的提升，极度依赖内容品质，"这个时候其实投机取巧的办法没有意义，还是扎扎实实把内容做好，做一个可持续供给的内容的人。"

吴晓波频道推出一个叫"大头思想课"的内容产品。这个产品的初衷是帮助那些想了解军事、历史、政治、人文、哲学的财富人群，给他们传输对应的高品质内容。吴晓波认为："这就是新的可能性发生，在任何一个圈层中，我始终认为有好的内容，只要能够产生，一定可以找到喜欢你内容的人，哪怕非常非常的小众，只要找到他们，就有价值，或者找到本身就实现了价值。"

吴晓波认为，一个有生命力的社群必须有一个"明确的身份界定"，有明确的身份才能吸引同类人聚集。此外，必须在"共享"和"求援"两方面做到位。运营好社群的三个关键是：

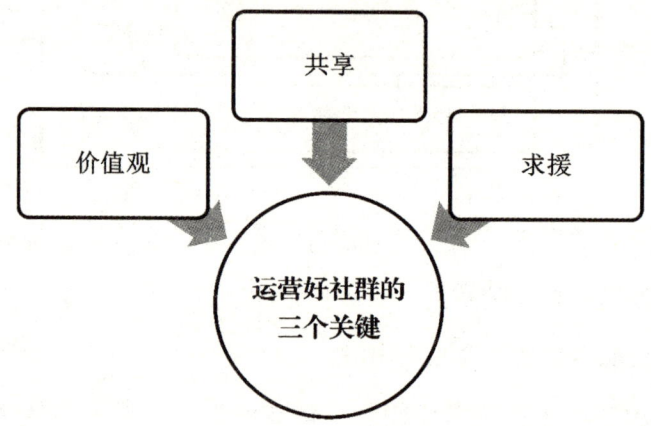

在吴晓波频道上线一周年的时候，就对公众号的170万粉丝进行了身份界定。身份界定好之后，社群就拥有了共同的价值观，"共享"和"求援"才成为可能，社群也就有了内生力量，能自我发展、壮大、进化，甚至裂变下去。

共享是所有的沉没资源都可以通过一个主题和价值观被唤起，求援是有一个美好梦想一定有一个人能帮助其实现。有了这两点，社群就更有凝聚力和归属感。

吴晓波曾经通过公众号号召书友们在全国施行"咖啡馆改造计划"活动，征集令发出后，有500多个咖啡馆老板自愿在自家的咖啡馆摆放书架，有十几家家具厂商答应免费提供书架，而吴晓波则免费提供图书。

计划完成的同时,参与的200个咖啡馆又形成了一个自己的社群。通过"共享"和"求援",吴晓波调动了社群一切可以调动的资源,让计划顺利实施,让不可能成为可能。

吴晓波在2014年拍过一部纪录片叫《我的诗篇》,记录一线工人写诗的故事。这部电影在2015年获得若干大奖,但是却没有一家电影院愿意放映,因为在商业电影盛行的今天,这种电影的票房是令人忧心的。

于是吴晓波自费在上海邀请300多名企业家书友免费观看电影,电影结束时全场观众激动得起立鼓掌。此时,吴晓波站出来号召大家出资一万元包场请朋友看电影,得到了很多企业家的响应。通过这一方式,该部电影放映超过800场。

将好的内容共享,通过求援的方式完成梦想,这是社群的魅力所在。随着人群的增多和细分,社群也会发生裂变。像"咖啡馆改造计划",这些人一开始都是吴晓波的书友,但是随着一次次的"共享"和"求援",社群开始裂变,"咖啡馆书架"形成一个新的社群,"看纪录片的"形成一个新的社群。

"共享"和"求援"能让社群达到共情,有了共情的基础,商业变现就成为可能。最常见的方式是与电商结合:

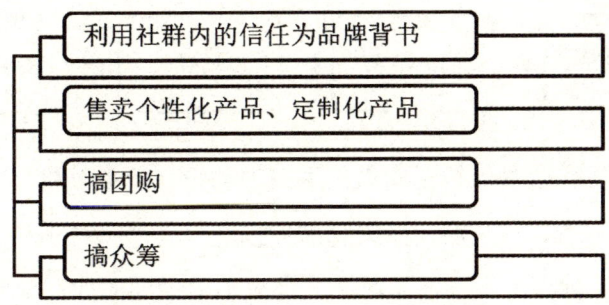

吴晓波还尝试过电商变现。2015年6月18日，吴晓波和他的团队抱着试水的心态，在拥有百万粉丝的"吴晓波频道"公众号里开启了"吴酒"的第一次限购。效果出乎意料地好，短短33小时卖掉了5000瓶，迅速入账100万元。

与此同时，"共享"和"求援"也被注入到现有的大型企业之中，产生了新的变革。以海尔为例，海尔正在颠覆传统意义上的公司。如今的海尔已经平台化，整个海尔园区更像是一个巨大的孵化器，里面孵化着100多个创业公司。这些公司共享海尔的各种资源，包括海尔的技术。

据了解，海尔的技术中心已经向全球开放。海尔的组织层级也迅速扁平化，由原来的12层变成3层。张瑞敏大刀阔斧地变革，让海尔没有随着时代老去，组织变革大大激发了海尔的创新性和创造力。

从百强榜单来看，无论是传统企业中组织灵活的星巴克，还是新兴的互联网公司阿里巴巴，或者是发展迅速的创业型公司滴滴出行，都凭借社群化特质获得了优秀人才的普遍认同。由此可见，职场社群时代已经到来。

中国的经济模式先后经历了四次迭代，宏观经济形势的变化对企业的人力资源管理带来了新的影响。四次经济迭代如下图所示：

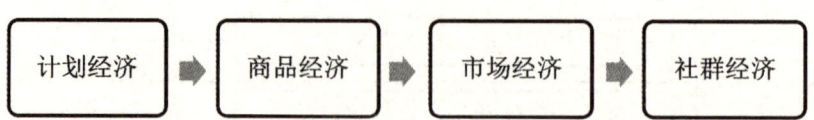

在移动互联网时代新型雇用关系的推动下，职场社群化现象一定是未来的大势所趋。一方面，越来越多的创业企业是从社群中走出来的；另一方面，越来越多的企业被内部的社群力量推动而向前发展。

会员制

会员制度是一种顾客管理模式,更是一种较为成功的关系营销模式,通过会员制能够抓牢会员的心、提高会员忠诚度和满意度,从而提高其消费量,将一个客户的价值实现最大化。

◎ 强化和消费者的联系

对于零售商而言,会员机制是强化企业与消费者联系的一个重要纽带,同时也是培育粉丝、实现客户价值的重要途径。

会员营销的本质是忠诚度计划,包括会员开发和会员管理两个重要的环节。可以从以下四个方面通过会员营销留住顾客:

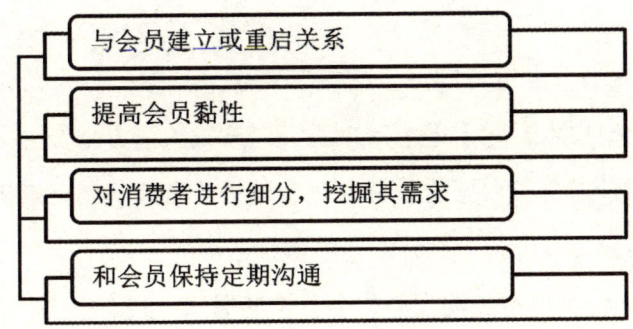

- 与会员建立或重启关系
- 提高会员黏性
- 对消费者进行细分,挖掘其需求
- 和会员保持定期沟通

(1)与会员建立或重启关系。可以将消费者分为已购买商品消费者和潜在消费者两类。对于购买过一次的消费者,企业必须想办法与之建立会员关系,不断招募新会员;对于潜在消费者,企业应该想方设法让他们消费,并将其吸纳为新会员。

对于那些有过购买经历的老会员,企业必须要加大激活力度。在做会员数据分析时,我们经常会发现有些顾客只有一次会员交易记录,之后就再也没有来过门店。

究其原因,其中一部分顾客是在促销期间刚好路过门店,看到有购物优惠就临时办理了会员卡;还有一部分是为了多拿礼品而重复办理会员卡;另外一部分人则是忘记自己已经办过会员卡。对于这些情况,需要进行新会员激活,可以通过短信或是公众号图文推送,让他们进行新会员激活。

(2)提高会员黏性。很多企业的会员权益中都有会员折扣日,但各家企业会员折扣日期间的营业额增幅情况却有明显不同。企业要把会员日作为一种常态化的营销措施。

实行会员积分兑换规则,会员可以随时兑换积分,或者每月在固定的时间兑换积分,企业还可以把会员积分兑换策划成主题营销活动。例如把一年中的某个月份定位为感恩回馈月,规定会员只有在这个月才可以兑换积分。

(3)对消费者进行细分,挖掘其需求。数据库分众营销是高性价比的高级营销技术,对于零售商来说,应该投入精力与资源去研究会员数据库,通过对会员数据的分析,对会员进行有效的细分归类,针对不同的特定细分会员进行更具针对性的营销活动。

(4)和会员保持定期沟通。会员定期通讯方式有很多种,如:

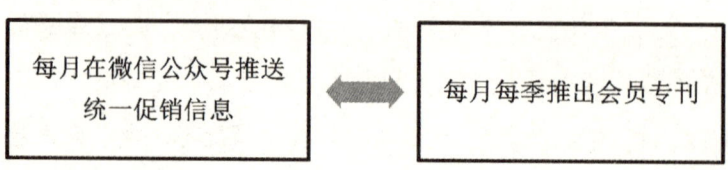

在移动互联网时代,很多零售企业通过微信公众号来和会员进行沟通,每周都会发送图文消息来和顾客进行互动。

零售企业一方面要大力吸纳新会员,另一方面要对现有的会员展开针对性的营销,增强会员黏性,提高顾客的重复购买率。

◎ 社群经济中的会员逻辑

社群经济离不开会员制产品和会员逻辑。有一类状况是"鱼目混珠",就是一些资源型人物或资源型组织,比如说一些做校友会、做商会的、做各种联盟的,也都想赶上这一波资本浪潮,包装出一个社群的概念来赚钱。

为了防止鱼目混珠,必须做到以下几点:

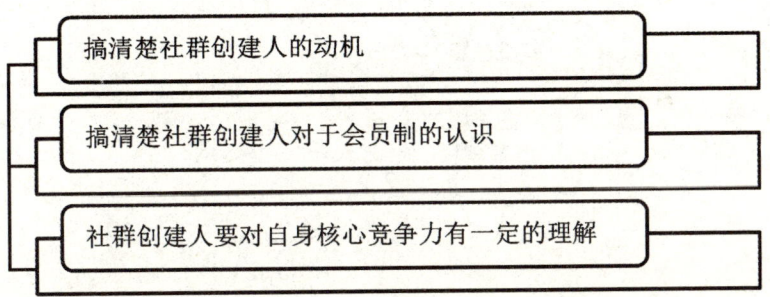

首先,要搞清楚社群创建人的动机。如果是想圈更多资源或对已有资源变现,那是不可行的。因为格局不够,甚至世界观不正。

其次,要搞清楚社群创建人对于会员制的认识。会员制只是一种降低成本、提高用户黏性的工具而非结果,如果创建人把会员制当成了产品,则不可行。

最后,社群创建人要对于自身核心竞争力有一定的理解。创建人除了要有社交能力，还必须具备产品能力。因为社交能力是一个非标准化的小众服务能力，只有产品能力才能标准化，才能服务更多的人，才会有更大的投资价值。

社群会员制有多种方法，企业在实行时，要选择适合自己的方法，才能更好地运行社群经济，促进企业的发展。

（1）垂直模式。行业本身非常垂直，平台本身有持续稳定的专业供应能力，能提供额外的无法量化的服务的企业适合开展专业垂直领域的会员制。比如木业商会、医药商会、股权众筹联盟、天使投资俱乐部等都属于这种情况。

开展垂直领域的会员制要注意以下三点：

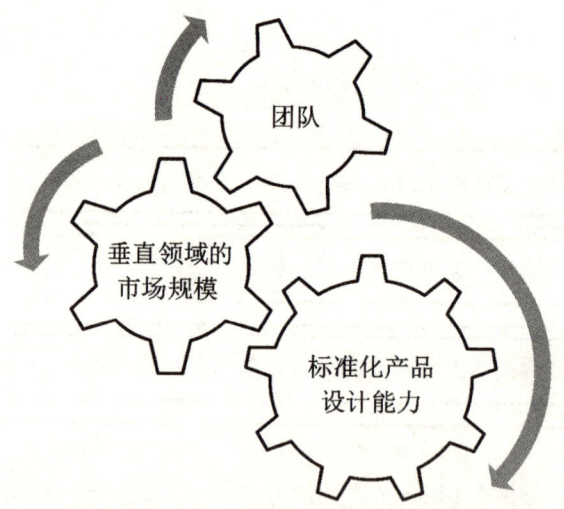

其中，团队包括团队成员是否充满热情、团队在整个行业中所处的位置、团队所拥有的资源积累等。这些都是衡量这种会员制能否获得成功的重要指标。

（2）资料库模式。当资料库选择权众多、资料库需要经常更新、资料库的内容竞争需要差异化、拥有一群现存粉丝的企业适合开展庞大资料库模式的会员制。比如优酷土豆会员、图书馆借书证、城市公园年票、公交车卡等都属于这种庞大资料库模式。

这种会员制模式是目前投资领域比较热门的话题,需要注意的维度主要有:

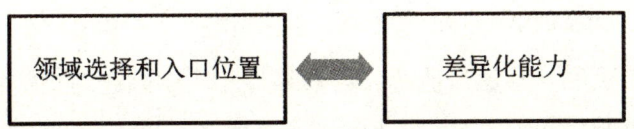

领域选择和入口位置,比如做动漫类资料库是个非常好的选择,但很容易被影视类的资料库给"盖帽",因为频次、人群和影视类的有巨大的重合度。

资料库模式需要很多投资,能否在高投资的同时做出差异化的获取用户方式和盈利模式非常重要。

(3)私人俱乐部模式。当企业看人重于看事、售卖产品的本质是社会地位,目的是以低层次人群的收入来补贴顶级层次人群的支出时,应选择私人俱乐部模式的会员制。日常中主要体现在各种各样的"会所"以及高端俱乐部,比如"游艇俱乐部""马术俱乐部"等。

这种会员制是风险投资领域里比较不受待见的。原因包括以下几点:

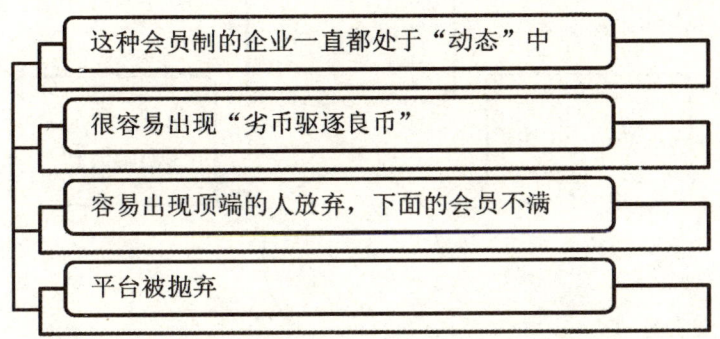

（4）VIP模式。当企业有基础服务、有庞大的基础用户人群、能够提供增值服务时，适合VIP模式。典型的有银行的VIP专柜，可以快速办理业务；机场的VIP休息室，可以享受更好的候机服务；VIP邮箱，可以享受比免费邮箱更多的服务；网游里高级别的角色，可以更容易地打怪和杀死比自己级别低的其他玩家等。

这种会员制一直比较流行。游戏领域和刚刚兴起的直播领域其实都是这种会员制的典型服务。实行这种会员制有以下两个核心指标：

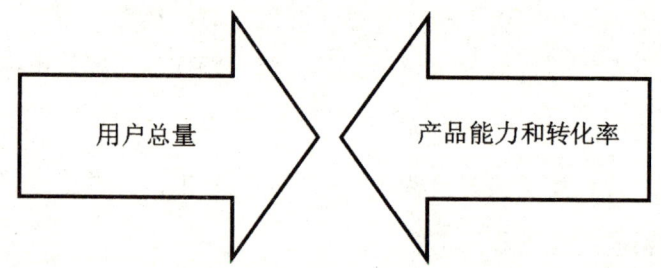

既要提供基础产品满足用户需求、增加用户量，又要能提供有吸引力的增值服务，让用户有动力进行转化，这个需要企业的高度注意。

（5）消耗品模式。当企业生产的是遵循时间规律的自然消耗品时，应实行消耗品模式的会员制。比如鲜奶订购、报纸订阅等。

消耗品模式的会员制案例不多，因为它存在以下三个很大的问题：

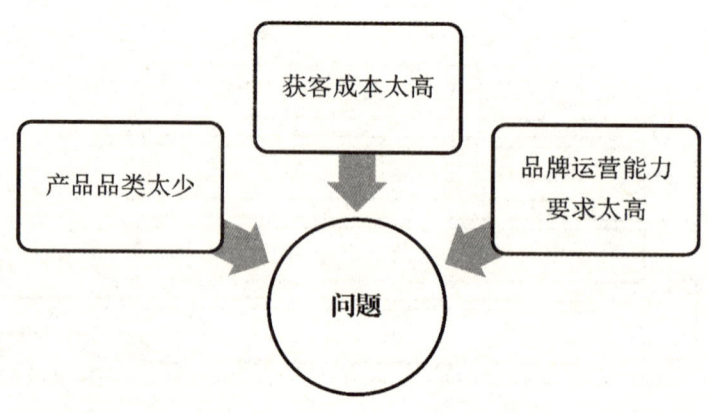

如果想保持高毛利,必须做自有品牌和自营产品,还要打通供应链等多个环节,才能把握住定价权。如果只是售卖别人的产品,则没有任何竞争力。所以,运用这种会员制的模式需要十分谨慎。

(6)网络效应模式。当企业有一定的基础服务、产品和服务会随着用户数量的增加而增加、社交关系会在互动中不断增强时,选择网络效应模式比较合适,该种模式是整个会员制里最具有爆发力的一种。

QQ、微信、人人网、新浪微博、映客直播、滴滴打车、搜狗输入法、淘宝等平台大都实行这种会员制。

对于网络效应模式,应该注意以下三点:

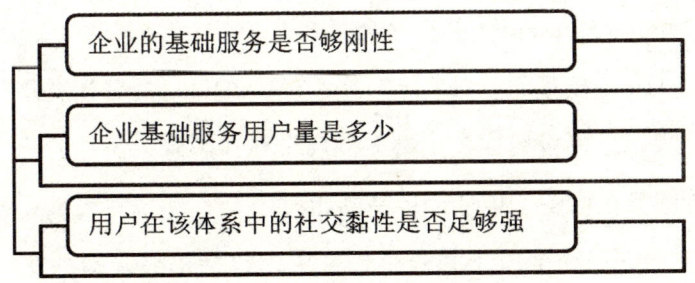

以上六种只是对社群会员制模式的一个简单分类,零售企业具体应实行何种模式,还要根据自身的条件和情况而定。企业还要对会员制有一个清醒的认识,会员制只是一个产品组织形式,而不是产品本身。

会员制产品应该有清晰的层级结构和晋级需求。基础产品必须要有吸引力。但如果只有基础产品,没有后续延伸性产品,那么想象力就会打折扣,会影响企业的延伸发展。

◎ 玩转社群会员制

实行会员制是现在零售企业几乎必须采用的策略。顾客成为会员的条件可以是缴纳一笔会费或荐购一定量的产品等，成为会员后便可以在一定时期内享受到会员专属的权利。

在日常生活中，会员制可以说无处不在：专卖店的贵宾卡、饭店的VIP卡、旅游景点的年卡、各类俱乐部的金卡，包括各类车友俱乐部、业主俱乐部、航空公司VIP俱乐部、高尔夫俱乐部、书店书友会、网吧会员卡，还包括银行刷卡消费积分、超市消费积分等都属于会员制营销的范畴。

下面就以Soho House俱乐部和书店为例，看看这些零售企业会员制是如何运营的。

（1）Soho House俱乐部高端会员制

Soho House俱乐部，1995年开张。Soho House最开始就是一家私人俱乐部，现在已经发展成包括精品酒店、私人影院、高档餐厅、俱乐部及酒吧等服务在内的全球连锁精品酒店。

Soho House在全球一共开了15家店，包括柏林、迈阿密、洛杉矶等，还有超过5个在筹备建设中。全球有超过4万名会员，会员每年缴纳2800美元会费，就可以到全球任何一家Soho House，会员还可以带三位朋友入内。

Soho House吸引了很多名人会员，设定了很多规矩以保护他们的隐私，因此这些会员在这里可以彻底放松，不用时时提防有狗仔队或是粉丝。和其他社交场合的西装革履不同，为了保证会员们都能放松休闲，Soho House规定，不允许西装革履，这样的规定让会员们更加放松。

Soho House的神奇之处，是它让休闲与工作两个相反的状态，在同一个地方发生了。

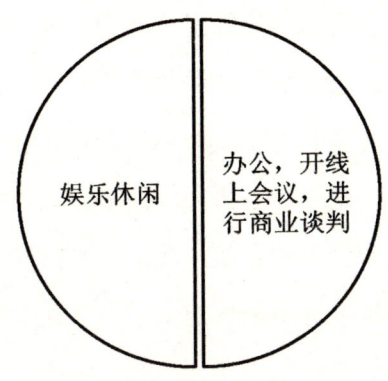

　　一年2800美元的年费，就可以进入一个高大上的社交圈，对有些人来说是极其划算的，但要想入会没那么容易，并不是有钱就能进。

　　申请者必须在电影、媒体或创意产业中工作，还要两名俱乐部会员提名，然后委员会审核，看申请者是否有助于这个群体，然后会邀请所有申请者一起吃饭，看申请者跟大家的互动，最后做决定。

　　Soho House之所以如此严格，是来自这家俱乐部的切身教训，他们曾经吸引了许多华尔街的银行家和金融大鳄，但这些会员谈论的永远是股票和利益，让俱乐部变得无趣乏味。最后俱乐部的管理者们决定清理门户，果断地清除了30%的会员，制定了严格的申请入会流程。他们宁可放弃高收入的单一群体，以保证俱乐部里的成员是各行各业的精英，以此来保持俱乐部会员的多样化和趣味性。

　　现在入会候选名单的人数，早就超过了会员数，有四万名以上的申请者正在排队等待入会。其实这也是一种饥饿营销，和所有奢侈品的限量版是一个道理，如果放开入会申请，交钱就可以进，短期可能会有很多会员加入，但长期来看会员可能就流失了。

　　如果一直放开会员，现在远远不止或者不到4万名会员，这说明稀缺是有价值的。人们更多地是希望和自己差不多级别的人交往，这家俱乐部通过会费保证入会者有一定的经济实力，通过推荐和筛选，保证入会者是各行业的精英。为了保证趣味性和多样性，甚至清除了30%有钱的金融行业会员，这也是他们被称为全球最酷俱乐部的原因。

听起来很高大上，离普通零售商好像很远，但如果经营一家酒店或者休闲场所，只对缴纳会费的会员开放，会员的筛选有严格的流程，以保证来的都是兴趣相投、身份相仿的人，那么这家酒店或者休闲场所会一样做得很成功。

（2）书店会员制

从需持会员卡才能享受会员服务，到凭借微信扫码即可享受会员优惠，随着技术与社会的进步，读者到书店购书变得更加便捷。这种改变，不仅体现在会员卡本身，也涉及到会员制的根本：内容的革新。

虽然打折仍然是实体书店会员制的核心，但为会员提供的体验服务也更加多样。

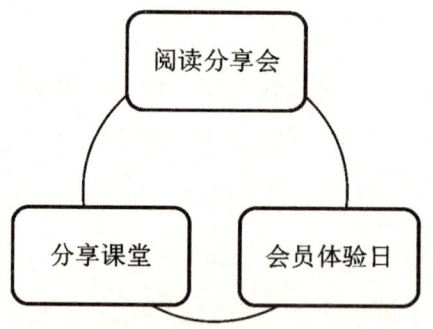

这些体验服务占比逐渐增大，书店会员制逐渐形成了"一超多强"的格局。

山东京广书城是一家有着20年经营历史的老牌民营书店。京广会员除享有购书优惠外，每月有会员日，每年有会员月。除此以外，有些收费项目会员可享受优惠。比如京广每年一届的暑期社会实践活动营，会员可享受活动费用7折优惠，还可以享受优先报名的特权。

针对不同读者推出多种服务，满足多种需求，这是广州购书中心目前为会员推出的针对性举措。这样的变化，也为广州购书中心带来了发展的新气象。

与很多书店客群固定在某一阶段不同的是，广州购书中心会员涵盖了从学生到老年读者群体的多个年龄层段，呈多极并头发展的趋势。

九丘书馆是湖北省新华书店有限公司推出的首家24小时书店，九丘书馆的书友卡分为三个不同的级别，除了通过购买一定金额的图书可以办理不同级别的会员卡外，最直接的办理方式是支付19元、39元和59元现金，可分别办理喜阅书友、超阅书友和卓阅书友卡。

随着互联网的发展，不少书店也推出了电子会员卡。江西新华文化广场目前线上会员超过5万人，微信线上会员享受与银卡会员同等的9折优惠。随着网络和微信的普及，会员卡办理网络化是必然趋势。

河南尚书房书店是一家社区书店，社区书店的读者更多的是以家庭为单位。尚书房的会员不仅可以借阅图书，还可享受优惠，并参加丰富的会员活动。

从某种角度来说，会员制与当下流行的社群化营销有着共通之处。作为粉丝经济的重要经营手段，社群化程度越高，品牌的理解与传播渗透才会越高。西西弗书店在书店运营中积累了大量的会员，如何深度挖掘优质会员的需求，打造社群，形成西西弗书店特有的粉丝经济圈，已经列入了该店未来规划发展中。

采用会员制方案，不管采用的是积分制、俱乐部会员制，还是长期优惠的使用协议，其最终目的都是为了提升企业的效益和利润，增加市场份额，从而使企业得以持续发展。

第8章　大数据零售

　　大数据是指无法在一定时间范围内用常规软件工具进行捕捉、管理和处理的数据集合，是需要新处理模式才能具有更强的决策力、洞察发现力和流程优化能力的海量、高增长率和多样化的信息资产。大数据分析、大数据应用、大数据报告……零售行业随着数据采集与存储技术的进步，逐步形成了行业大数据。

大数据时代用户思维更重要

零售的本质是销售产品和服务。消费者除了期待产品的质量和功能之外，还期待产品带来的服务体验。无论是售前还是售后，零售企业都必须从消费者的角度出发，以提升消费者的购物意愿。

在互联网时代，用户思维是产品的灵魂。如果没有用户，产品就没有存在的价值。因此零售企业要遵循用户思维，努力提升消费者购物意愿，将用户思维进行到底。

◎ 用实用性赢得用户

用户思维的核心是一切以用户为主。一个产品无论再怎么宣传，其核心价值还是在于实用性。

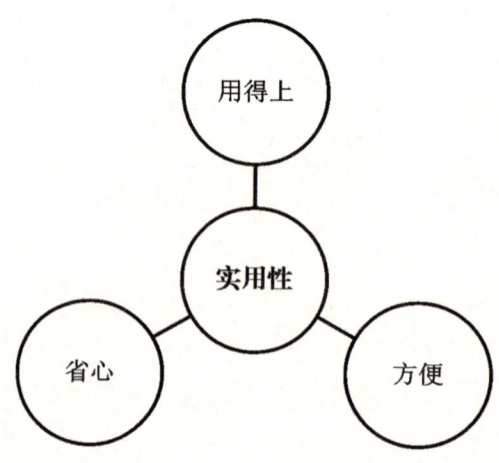

只有最具实用性的产品，才能快速获取用户。

亚马逊的kindle就做到实用性，让用户非常省心。对于喜爱看书，却受制于外界环境的人群，比如嫌实体书厚重、不易携带，晚上躺在床上看书怕影响家人等等，kindle应需而出。

市面上的电子书软件质量良莠不齐，从排版到内容全都零散混乱，要想找到高品质的电子书，需要花费大量的时间和精力，更头疼的是，手机屏幕本身并不适合长时间的阅读。

亚马逊就以电子书的实用性作为突破点，从以下两个方面进行改进：

> 利用其在图书行业多年的经验和资源
> - 打造了线上电子书购买商城

> 利用电子水墨技术
> - 打造出kindle这一携带方便、阅读舒适、续航时间长的硬件产品

两者结合，实现了线上线下的一体化，从而在电子书领域占据垄断位置。

从最简单、最实用、最方便的功能入手打造产品，将自己变成一个对技术细节、行业背景一无所知的用户，去重新审视产品，才能真正做到出奇制胜。

◎ 用价值传递来打动用户

在用户思维中，用户就是一切。用户购买产品，目的是获得产品的

某种价值。任何一个产品，本质上都是在传递某种价值，因此，从产品研发到销售，一定要注意"价值"的培养。

以苹果为例，苹果公司的产品，传递的最核心的价值就是："立足科技与人文之上的简洁"。正是有了这种清晰、简单、凝练的价值定位，苹果的所有产品才能用最直接和最有力量的方式将价值传递给用户，从而打动他们。现在，苹果拥有一大批的果粉，这跟它所传递的价值是分不开的。

内容产品也是如此，百度副总裁微信大V李叫兽，他的微信公众号里的所有文章，都是给用户提供营销工具、干货和方法论，而且有丰富的使用场景的内容产品，给用户带来了巨大的价值。用户会去主动关注，主动跟随，主动传播和分享。

所有的美剧都在用最巧妙、最新奇、最创新的方式，来为用户创造观看价值。同时，通过具体的每一集、每一季，将这种价值有力地传递给用户，从而创造了自己的辉煌。

很多时候，并不是产品不行了，而是没有立足于用户，没有深入思考，仅仅靠着自己的经验、喜好来研发和营销，最后，在现实面前屡屡受挫。企业应该使用用户思维来更新对产品的认知，从而打造出真正有价值的产品。

◎ 用细节打动用户

用户思维中用户是第一位的。因此，在营销过程中，零售店必须要做到以下几点：

第8章 大数据零售

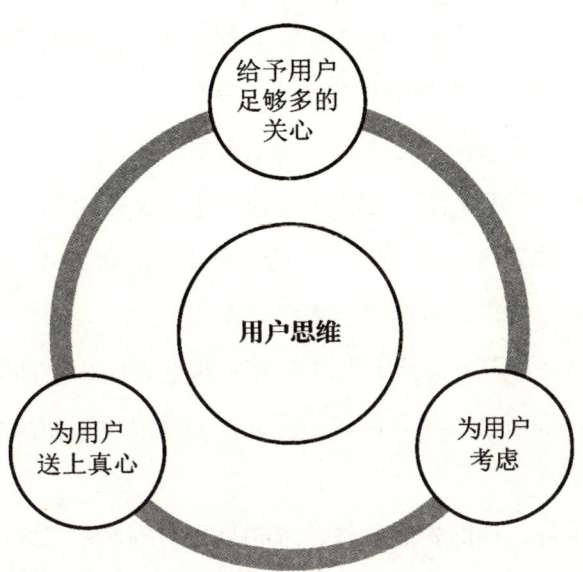

只有做到这些，才能得到用户的认可，收获效益。小米手环即是用细节打动客户的典型例子，主要体现在以下几个方面：

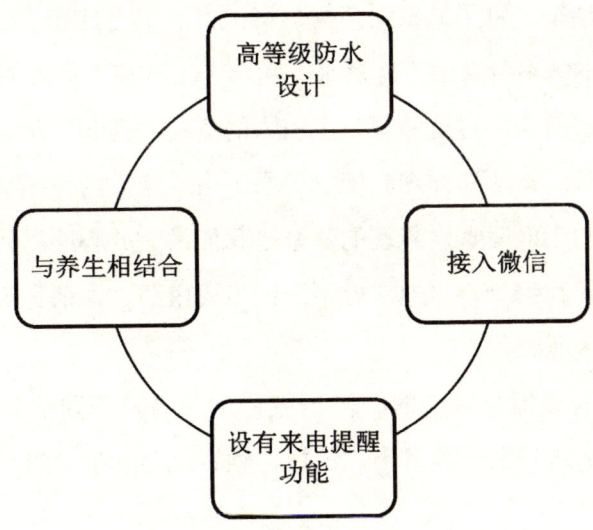

（1）小米手环的高等级防水设计和一至两个月的超长待机功能，能确保用户短期内不会因为要充电和洗澡而摘下手环。

（2）小米手环正在研制的时候，微信刚好也在做手环接入，于是小米决定接入微信，把微信做成小米手环的主场。从小米手环APP提供入口接入微信，连接简单方便，受到很多用户好评。

（3）小米手环设有来电提醒功能，这是很多商务人士的最爱。很多人为了不打扰别人，把手机设置成静音或者震动，结果是经常错过电话。手环来电提醒可以解决这个痛点。

（4）小米手环注重老年用户特有的养生需求和手环的结合，老年人注重养生，经常有老年人使用手环，每天观察步数和睡眠时间，拓宽了小米的普及市场。

像小米手环这样的智能硬件，未必是只有刚性需求才能成为大众消费品。也可能是一堆打动用户的小细节成就了这个产品。

药店是很难招揽回头客的商店，因为人们生病了才会想到上药店去买药，病好了也就自然地把药店忽视了。日本千什县有一家石井药房，在办公室的墙壁上钉了31只空药盒，每一个盒子上都标上了日期，每天来药店买药的顾客都会留下病历卡，病历卡上都写有患者的出生日期。

石井药房就根据这些病历卡上病人的资料，得知了每一个顾客的生日，然后按月、日顺序详细整理、记录下来。他们为每一个顾客都准备了一张贺卡，上面写着："您的健康是我们最大的心愿。如果你完全康复了，请告知我们一声；如果您不幸仍需要用药，也请告知我们一声，我们将竭诚为您服务。"

如此充满温情与亲切的问候语被分别按当月不同的日期投入药盒内，在顾客的生日前一天寄出。这样，顾客就会在生日当天收到这张让人感动的贺卡。

当然，顾客收到的不仅是感动和关怀，病愈的顾客会很满意地记住这家药店的名称，如果下次生病便会自然想起它而再次去光顾，尚未痊愈的顾客自然也会以它作为买药的首选店。

以用户为中心，细节往往很容易打动用户的心。零售企业在关注产品的同时，也应该加强产品或服务的细节。关注产品细节，用细节打动用户、赢得用户。

大数据时代下，"SoLoMo族群"成为新的消费群体

互联网时代，是消费者占据主导权的时代。想要获得更好的发展，就要遵循用户思维的引导。随着手机、平板电脑等移动智能设备和3G、4G、免费WIFI的普及，社交活动和购物行为不再受时间和空间的限制，SoLoMo族群被催生并不断扩张。

◎ SoLoMo族群

SoLoMo是"Social（社交的）"、"Local（本地的）"和"Mobile（移动的）"缩写：

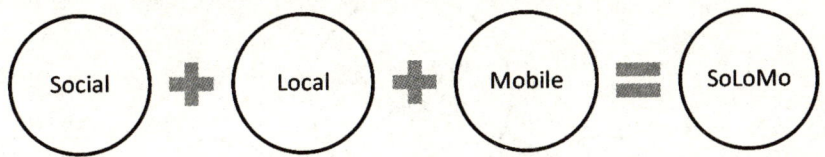

顾名思义，SoLoMo族群的意思就是那些在移动过程中，可以随时随地产生购物想法并实行这种购物行为，并且在社交网络上实时分享互动的移动互联网人群。

很显然，SoLoMo族群是移动互联网时代背景下诞生的一种特殊人

群。移动互联网用户不断增长的同时，人们对移动网络的需求也越来越多。因此，手机APP、社交网络等都不可避免地出现在了人们的生活中。

比如，王丽去西藏旅游，特别喜欢当地的民族服饰，于是用手机把自己中意的几套服装拍成照片，通过微信群征求小伙伴们的意见，并搜索附近的店铺。这就是典型的SoLoMo族群特质。SoLoMo族群主要的成员就是深受互联网影响的80后、90后用户，而这些用户也逐渐成为网购的主力消费群。

在如此发达的社交网络和移动互联网浪潮下，"SoLoMo族群"的力量也会越来越大。如何能够让零售店把握住这部分群体，让SoLoMo族群回归到自己的零售店，需要更系统的营销策略。

◎ 零售"SoLoMo族群"

在消费者主权时代，消费者行为最大的特点有如下几个：

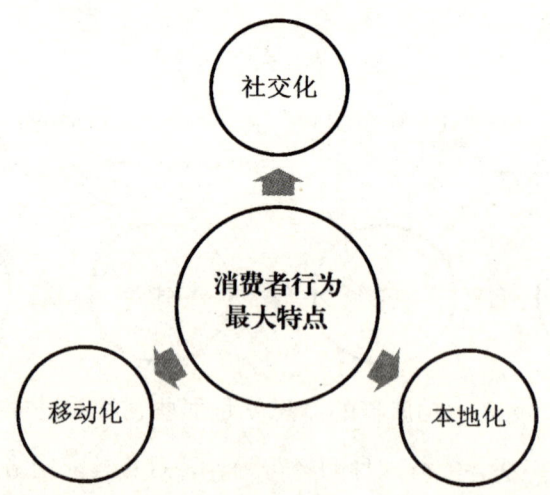

这也就意味着品牌营销必须在全社交媒介、全销售渠道和全消费时段以个性化的方式去迎合消费者需求。

在"人人都是媒体人"的时代到来之际,全民社交化所产生的巨大能量,是每个品牌都不容忽视的。无论是正面还是负面的信息,都会在社交媒体中迅速传播。

这种全社交媒介的品牌与消费者交互模式,颠覆了传统的顾客关系与个性化营销的方式,也使得品牌商必须在各种媒介都"以用户为中心"去做品牌沟通。

消费者对购物、娱乐、社交的追逐充斥在网络商城、移动终端等每一个他们可以接触的渠道,在地铁站、医院、球场等地,零售企业都能找到与消费者交流的新方式。不断涌现的新技术及其周边应用为消费者带来了越来越丰富的零售体验模式,这就要求品牌商和零售商必须"以用户为中心"去搭建销售渠道。

传统零售企业都是朝九晚五,电子商务是7×24小时营业,很多传统零售商因此受到巨大冲击。而移动互联网的出现对这种模式的冲击更大。

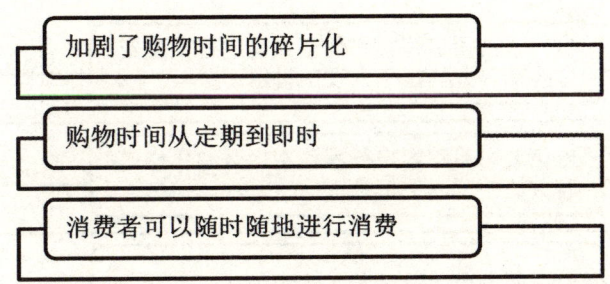

淘宝的一份报告显示,淘宝最大的消费群体是"夜淘族",他们半夜起来,在0点~5点下订单。如今有大量的消费者利用每天的碎片时间购物,定期每个月到百货商店、每周到超市、每天坐在电脑旁购物的人群开始减少。这给传统零售模式带来了巨大的挑战,也反过来要求品牌商和零售商时刻都要"以用户为中心"。

既然消费者行为变得如此"SoLoMo",那么零售商的观念也要随之转变。大数据下,互联网不再仅仅是一个渠道和媒介,它更是一种商圈,这个商圈有一群活生生的人,是一群活生生的消费者。一定要以这群人形成的互联网商圈为基础,去思考零售的渠道选择、媒介选择和沟通方式。

大数据支撑个性化体验

身处大数据时代,企业有更多的机会去了解顾客,甚至可能比顾客还要了解自己的需求,庞大数据的支持让昔日的个性化服务有了更好的延伸和更大的价值。

对于普通人来说,大数据似乎相距甚远,但它的威力无所不在。

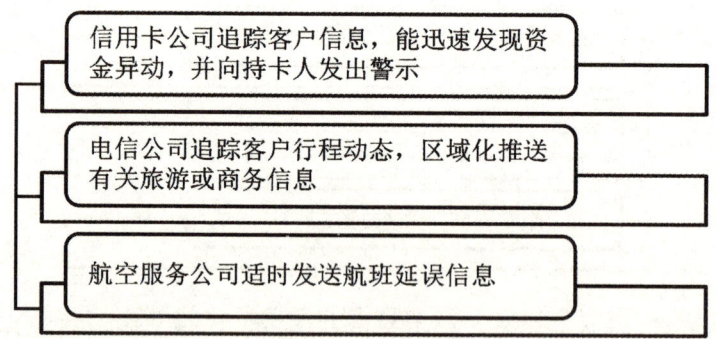

- 信用卡公司追踪客户信息,能迅速发现资金异动,并向持卡人发出警示
- 电信公司追踪客户行程动态,区域化推送有关旅游或商务信息
- 航空服务公司适时发送航班延误信息

数据中所包含的信息有很多,而最具商业价值的就是和消费者相关的信息。如果可以搜集到精准的消费者信息,那么就可以为他们定制更加个性化的服务,从而比消费者自己还了解他们。

个性化的主要目标是轻而易举地向目标用户推送其感兴趣和需要的

内容及功能，系统根据用户的使用行为对用户进行画像，同时根据该画像调整网站内容。企业可以个性化向用户传递特定信息，限制或授予用户使用某种功能，或者通过已存储的用户信息来简化程序。

消费者通过多种渠道制造大量数据，企业则热衷于利用这些信息为消费者实现更为个性化的体验。面对消费者通过数字技术参与而产生的快速变化的信息，企业需要及时作出反应。要想实时反应，使客户感受到个体价值，企业只能通过高级分析来实现。大数据为实现基于顾客个性的交互提供了可能，通过理解他们的态度，并对其他一些因素进行分析以帮助实现多渠道服务环境中的个性化。

在开发多渠道战略时，企业需要考虑消费者的个体特性和行为。企业应该做到以下几个方面：

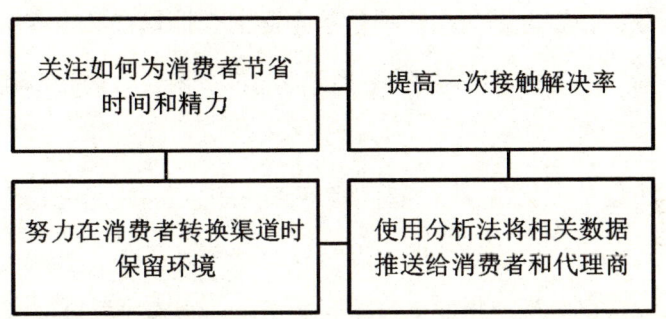

千人千面的个性化服务可以作用在各行各业，但是能充分利用数据价值的依旧是与网络数字相关的产业和产品。企业可以通过技术支持实时获得用户的在线记录，并及时为他们提供定制化服务。

中粮我买网是一家专业的食品网站。密集的广告推广和活动促销带来了流量的快速增长，同时也导致用户的上网体验快感下降、后台处理工作量加大等问题。我买网从当当和卓越亚马逊的购物流程上受到启发，将原来三到四步的操作缩减到一步，这一改变使我买网的订单转化率提高了30%。

订单的增加除了依靠会员的自然增长，还与网站商品的优化有很大关系。在线营销部会分析来自各个渠道的信息以及会员的相关购买数据，进而分析首页上的推荐，那些销售量较小的商品将被替换掉，这些分析也会用于对会员的商品推荐，分析结果最终将反馈到商品采购环节。

此外，我买网还通过网络公关进行舆情监测，从各类SNS渠道上收集分析用户的评论和建议，以此优化并调整网站的商品品类。

顾客的需求总是在变化，我买网的个性化服务在不断更新，能够在消费行为和顾客体验的数据中发现新的趋势，中粮我买网走在了正确的发展道路上。

2013年7月中旬，爱奇艺PC客户端全面改版，新版最大的特点就是依靠数据分析，在首页为用户提供了全面的个性化视频内容推荐。也就是说，不同用户的PC客户端将显示不同的首页内容，而且都是自己感兴趣的。

通过满足个性化需求使顾客得到更满意的产品和服务，进而缩短设计、生产、运输、销售等周期，提升商业运转效率。

要想为用户提供理想的个性化服务，企业必须掌握以下两点：

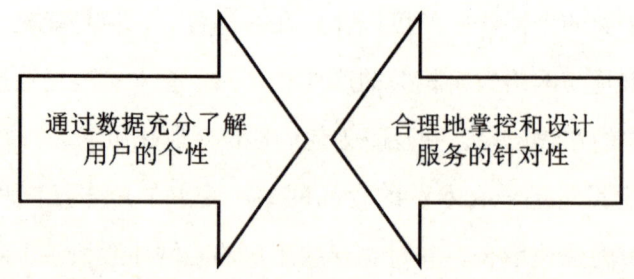

了解用户个性，就是要为用户提供他们想要的产品和服务。首先，企业需要在庞大的数据库中，找出最具有含金量的数据；其次，把数据

表现相同的用户分为一类,依据用户数据表现设计针对性的服务。

个性化分散的单位可大可小,而过于分散的个性化服务,会增加企业的服务成本和管理的复杂程度,所以要合理掌控和设计个性化服务。

企业要为用户提供个性化体验,要注意以下四个步骤:

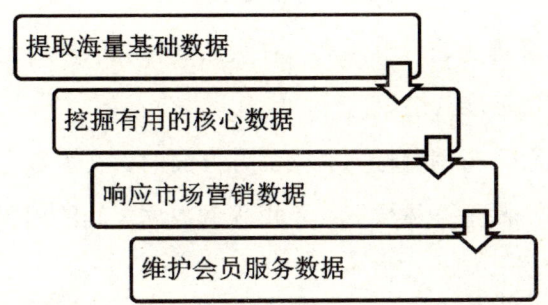

(1)提取海量基础数据。企业拥有大数据就像拥有金矿,这座金矿的含金量高低,直接影响到能提炼出多少黄金。同样,大数据的质量好不好,也直接决定了企业后续能利用的数据有多少。

(2)挖掘有用的核心数据,数据挖掘需要专业的数据公司来操作,一般企业很难具备这样的专业能力。

(3)响应市场营销数据。数据结果用于营销后,企业要进行响应。数据被挖掘出来后可以应用于某个细分市场,企业还要制定有针对性的营销策略。

(4)维护会员服务数据。对营销方案的执行和实施以及后续服务,进一步考验企业的管理与应变能力。

在大数据时代,通过数据的搜集和整合,可以掌握大多数消费者的各种偏好,进而对他们的需求进行预期管理和及时满足。另外,随着智能电视的普及和APP的安装使用,大数据会为顾客提供越来越多的个性化体验。

大数据驱动传统零售精准营销

大数据对零售业的影响巨大，在大数据和互联网时代，传统零售业必须转型，实现精准营销。

大数据包含了与消费行为有关的方方面面，在大数据应用时采用的不是随机样本，而是全体数据。不再强调数据之间的因果关系，而是强调其相互关系。

消费者产生的各种不同数据之间，其实都存在着内在相关性。企业可以利用这种规律来预测消费者的行为偏好。

大数据思维突出的是营销的科学性，互联网思维突出的是营销的艺术性，传统零售业的行销多年来是一种粗放式营销，近年来应用了互联网思维。

在大数据时代，营销变革的关键包括以下四点：

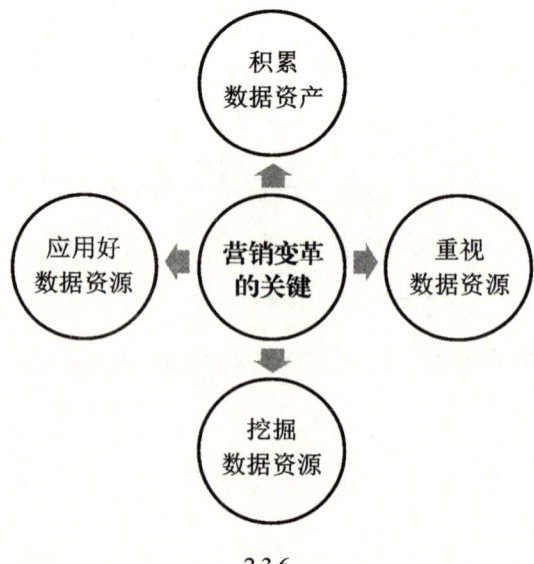

在大数据时代，零售企业要提供个性化服务，就必须构建大数据采集和碎片化信息互动平台。零售业数据的存储与产生从原始的手工被动向智能自动的数据转变。

大数据交互时代，POS机、移动终端、智能终端等其他设备产生的关于零售企业与顾客信息的交换数据，主要包括以下几类：

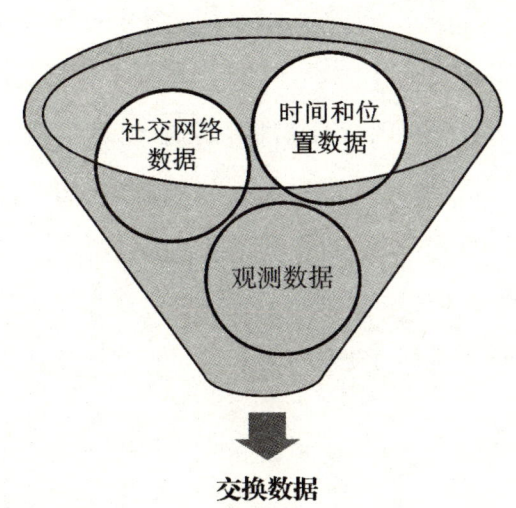

这些数据是围绕着顾客信息的碎片化大数据，这类数据从多维角度收集了顾客的行为信息，对准确预测顾客行为、提供个性化服务起到重要作用。

大数据时代，移动互联网等新技术的应用，消除了很多的信息不对称，使得消费者的博弈能力大大增强，同时促进了大数据价值的转换。

利用大数据分析消费者行为，引导精准市场定位，主要表现在以下两个方面：

> 多维立体的数据仓库，使得客户细分到"点"，能够从海量信息中快速筛选出对企业有价值的信息
>
> 大数据模型和算法的创新，能在较小的误差范围内精准预测消费者行为，为企业实现精准市场定位服务

在移动互联网和大数据时代，通过移动终端、搜索、比价、网络广告等各种信息化工具的使用，大大降低了顾客的搜寻比价和时间成本。

同时，基于大数据基础上的精准营销提高了顾客总价值，采用"一对一"的个性化营销方式，产品设计充分考虑消费者个性化的需要，大大增强了产品价值的适应性，也提高了顾客满意度。

通过大数据挖掘和分析，能够发现客户的潜在需求和相关消费者特征，为提高客户的忠诚度和满意度提供更加精准的营销策略。

大数据下的特色零售

提到特色零售，很多人会自然地想到百盛优客、盒马鲜生、苏州诚品、正大优鲜、生鲜传奇、厨鲜生，以及银泰工厂店、中百全球商品直销中心等新店，会想到O2O、全渠道、会员店等零售新形态。

但更主流的零售，应该是百货、超市、购物中心等传统零售的现代化改造和提升，只有这些主流零售形态顺应经济新常态、市场新变化、消费新变局，实现互联网化、体验化、个性化、家庭化、年轻化转型，能够满足日趋多元化的消费需求，零售才能真正称之为"特色零售"。

零售业不能随着一代人的老去而老化,新零售的"特色"体现在很多方面,主要包括以下几点:

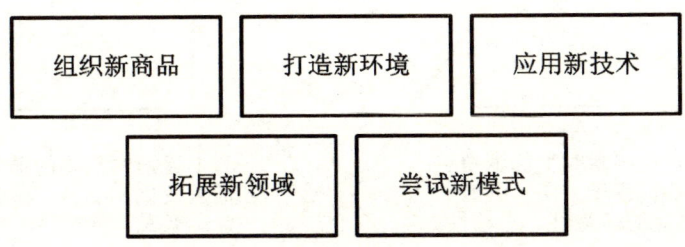

(1)组织新商品。商品永远是零售业的主要"内容",商品力永远是零售企业的核心竞争力。如同新消费热点总是动态变化一样,热销的商品从来都不是一成不变的。

比如,前几年奢侈品非常受关注,增速极快。后来是轻奢受宠,再后来是快时尚流行,到现在是运动大热。现在的"运动"也并非"昨日重现",而是时尚化、智能化后的"运动"。

即使只是生活必需品,人们的消费需求也发生了很大变化,过去风行的膨化食品、果冻、碳酸饮料、反季节蔬菜等越来越不招人待见。人们越来越青睐果汁、酸奶等健康食品,那些看相不太好、保质期不太长,但自然生长、新鲜无添加的食品和食材更加受欢迎。

过去,人们消费更看重物美价廉、高性价比。现在,越来越多的人注重品质、个性、服务以及由此带来的消费体验,越来越多的人喜爱新颖奇特商品,如无人机、机器人等科技智能产品以及文创品牌、原创产品和手工艺品等。

现在的零售企业很少提售卖商品,而热衷于强调提供服务、引领新生活方式,但无论是提供服务还是引领新生活方式,都离不开商品的支撑,而服务、生活方式的更新,更与商品创新有极大关系。

因此，零售的首要基础就是要有源源不断的新商品，新商品必须做到以下两点：

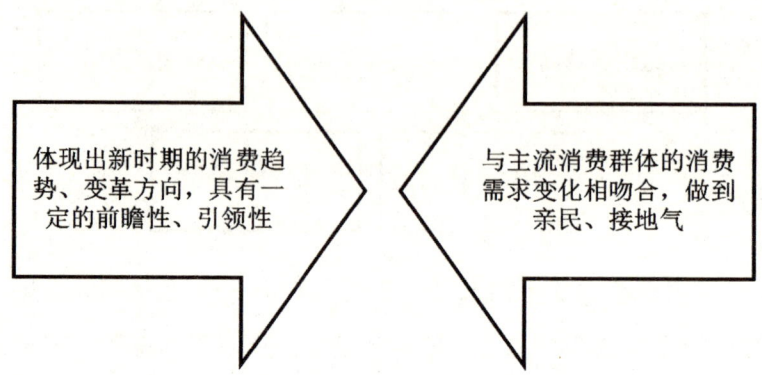

（2）打造新环境。零售业中那些高人气、高销售的实体店，无不是颜值高、品位高的好店，供销社式的环境，几十年不变的老面孔，很难在时下的市场环境中胜出。没有创新的环境、氛围，就没有所谓的"特色零售"。

环境的创新可通过以下三个方面来实现：

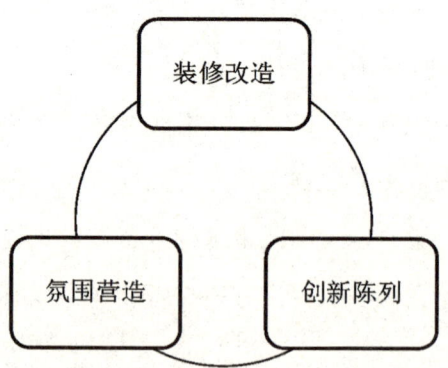

装修改造是零售业创新的一项重要内容，同时它也相对容易。近几年相当多的企业如沃尔玛、国美电器等，都进行了大规模的门店改造提升，并为此付出了一定的代价，国美曾一度因此陷入亏损。

创新陈列既包括零售道具的提档升级，如柜台、货架等装备的更新换代，也包含品类搭配、品种组合、商品展示的创新与变化，一般与经营的调整结合进行。

氛围营造主要从感觉体验出发，提升门店的颜值与气质。环境不创新或创新不及时，顾客易审美疲劳。但如果投入太大，又会加重企业负担，企业一定要把握好度，量力而行。

环境的提升特别是氛围的营造并非投入越大越好，有时候更需要一些出其不意的新颖想法。比如有的购物中心、百货店别出心裁，引入油菜花、栀子花、麦田、枫叶等进店，投入并不大，却收到了非常好的效果，值得借鉴。

（3）应用新技术。新技术对零售的重要性不言而喻，没有新技术作为支撑，零售变革就无从谈起。

零售业的新技术大致可分为以下两个层面：

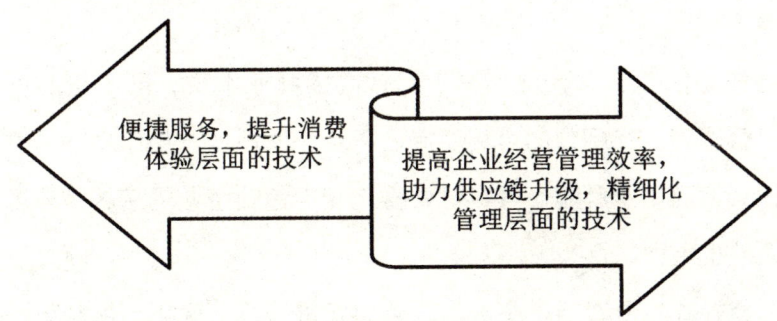

便捷服务，提升消费体验层面的技术，如移动支付、智能停车、电子价签、在线订单、智能试衣等，这些技术不可或缺，没有或者滞后都会影响消费体验。

提高企业经营管理效率，助力供应链升级，精细化管理层面的技术，如移动办公、信息化、大数据等技术，如果企业缺少这些会难以适应新形势下的竞争。

现今，技术对零售业生存发展的重要性越来越突出，国美、苏宁等传统企业的转型始于技术升级，盒马鲜生、顺丰嘿客等零售创新的尝试也是从新技术开始。

所以，零售企业应该高度关注、密切追踪新技术、新设备、新材料和新工艺，工欲善其事必先利其器，成为"技术控"的零售企业胜率可能会更高。

(4) 尝试新模式。近几年，不少零售企业陷入困境，生存空间越来越逼仄，这是过度发展商业地产带来的恶果。市场需求的增长，远远落后于商业面积的无节制供应，造成商业领域的"产能过剩"。

以联营为主导的经营模式的局限性是其主要原因。联营本身并不是一种落后的经营模式，但大多数企业的联营是一种变异的联营，是一种推卸责任、抢占成果的联营，远离市场、疏远顾客，过分侧重于收费、保底等。

这种异化的联营，使零售企业背离了商业本质，既不熟悉商品，也不了解顾客，在剧烈的市场变局之下，无所适从。相比之下，像胖东来、银泰仙商、永辉超市等自营做得比较出色的企业震荡就小得多，回旋的余地也更大。

创新模式，要对当下主导的联营模式进行改革优化，使其更贴近市场、贴近需求、贴近变化，使零售企业承担更多的经营责任、分担更多的经营风险。还要积极探索尝试直采自营、自有品牌、联合采购、订制包销等新模式。

当前，各种新经营模式层出不穷，如买手制、工厂店、大联采、跨境采等，都值得学习借鉴。层出不穷的零售新模式为更多零售企业创新模式提供了有益的参考借鉴。

（5）拓展新领域。线下零售竞争空前惨烈，分流日益严重，房租、人工成本等越来越高，传统零售企业盈利空间越来越逼仄，盈利越来越艰难。

因此，越来越多的零售企业开始拓展新领域，化解经营风险。如雅戈尔大力发展房地产、投资理财等业务；万达弱化百货，重点倾向文化旅游、互联网金融；还有不少商业零售企业收缩零售业务，加大在健康、医药、养老、旅游、运动等产业的投资。

尽管并非所有的尝试都能获得成功，但在激烈的市场竞争下，通过拓展新领域化解经营风险，为零售业务的转型调整积蓄力量、筹备资金，是很好的方向。

新零售是既有传承、又有创新，既有坚持、又有发展，既具前瞻性、又接地气的行业。零售的"特色"，最根本的可能在于适应变化、贴近需求，真正让消费者喜欢，感到快乐。而不是炮制新"概念"、新"理论"。零售的"特色"应该能直观地观察到、体验到，未来存活下去的每一家零售企业都应成为"特色零售"。

第 9 章 线上线下结合，O2O 营销是零售的标配

线上和线下不是相互孤立的，线下活动需要依靠线上积累的品牌和影响力，成功具备了线上影响力的网站，可以适时发挥品牌优势、与目标用户紧密联系的优势、了解市场的优势等来策划举办线下活动。现今 O2O 模式已经深入各行各业，线上与线下相结合已经成为零售发展的必然趋势。线上线下相结合，O2O 营销是零售的标配。

零售跨界混搭

尽管实体商业闭店潮波涛汹涌,但仍有不少品牌积极创新谋求发展。传统品牌革新思变,新兴品牌崭露头角,都努力摸索出了适合各自的发展模式。

喝着咖啡买衣服、嚼着零食挑家居、吃完正餐顺便在店里买两套餐具,这样恣意、随性的生活方式并非故事桥段,而是真切地出现在了现实生活中。

大部分零售的跨界以"零售+餐饮"的形式为主,以集合店面貌呈现,其目的主要是:

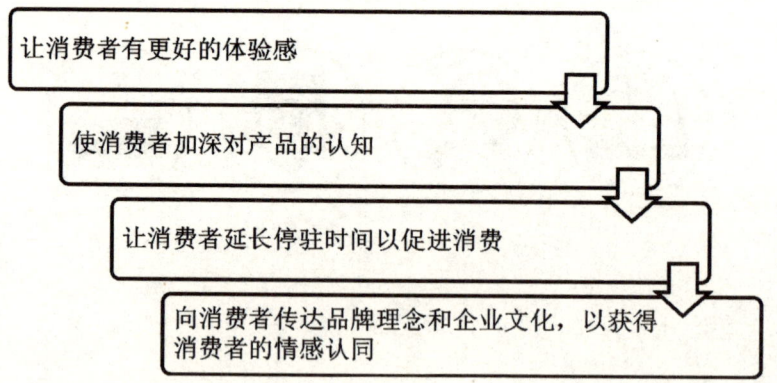

2015年12月,知名服装、生活品牌无印良品首间餐厅在台北市开幕,时隔不到7天,其全球首个旗舰店、餐厅及酒店三合一项目正式落户深圳。而在上海,截至2015年12月,家居生活品牌共禾京品已经开了

8家"餐饮+家居"的跨界混搭商店。

对80、90后年轻一代的消费人群来说，品类、服务单一的门店难以满足他们的需求，去实体店的原动力，是他们需要文化、创新、情怀的多元化体验。"百货+餐饮"也好，"餐饮+零售"也罢，本质上都是通过业态叠加，创造出成倍的、个性化的体验感。

这种跨界零售让以前单纯的用餐，转变为呈现多样的生活体验；让盈利手段由单一的售卖菜品，转变为多元化的销售收入；并且能够在无形中让顾客接受到品牌理念与生活方式的熏陶，是一门长久且持续的生意。

共禾京品以餐厅为基础，融合了以下几种业态：

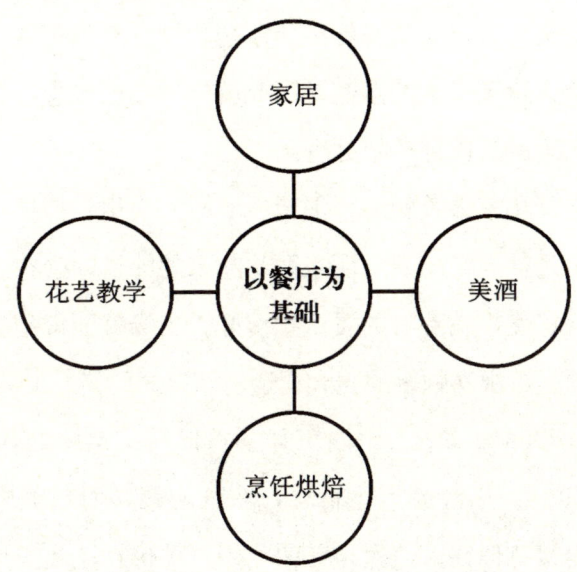

几种迥然有异的业态混搭于一个空间内，从所售卖的一盘菜、一杯茶、餐盘碗碟衍生开来，带来一站式的体验。

餐厅内陈列摆设了各色家居用品，这些设计品全部进行现场售卖。所有在盒子里的商品都是可以点亮家里不同角落的潮流单品，也是近期店内最有特色的新品。家庭套装礼盒还接受微信商城线上订阅，选中的礼盒会直接递送到顾客家中。

2015年12月，无印良品首间餐厅"Café & Meal MUJI"在台北市阪急百货开幕，这也是无印良品在日本本土之外，继香港、成都之后的第三家海外餐饮店。

与共禾京品相似的是，无印良品餐厅中的陈设也是由其团队设计师精心设计的，但是无印良品餐厅内的桌椅、餐具、水杯都不对外销售，开餐厅，并不是为了卖餐具，而是为了"传递品牌概念"。

"满足生活各式需求的商品，体现完美生活"的品牌精神，既然可以透过家居、文具、服饰传达，自然也能通过餐饮来传达。

衣服一季买一次、文具可能半年添购一批、家具可能一年买一件，但吃却是一个人每天三次的刚需，因此就传递品牌概念、精神的频率来说，餐厅比无印良品自身产品更适合。

衣服、文具和家饰等物品，消费者买回家使用，如果收到反馈可能是一周、一个月甚至半年后。而东西吃起来的味道、坐在餐厅的感受、人员服务的满意度、消费者的看法和喜好，当场就能得到反馈。餐饮正是产品留住顾客、观察顾客的强大通道。

餐厅More Than Eat，由西班牙餐饮品牌"ME Tapas"、"ME WINE&BEER"，以及超市、日料、东南亚菜、面包咖啡店和花店组成，店里终年繁花似锦，美景与美味交织，仿佛在花店里用餐一般，用餐结束还能买一束花回家。

More Than Eat的品类乍看之下杂乱无章，实际上这些品类有一个共同点：自然田园风情。花店与餐饮通过惬意、慵懒的田园文化无缝连接，这种多业态混搭的效果才能发挥出来。

"时尚"本身无定义,无论是共禾京品的"快时尚"还是无印良品的"禁欲系生活态度",都是只可意会而难以言传的生活态度,但却蕴含在了具体的产品和每一个业态的每一个细节之中。这与主题属性并不突出的混搭店铺简直是天作之合。

2017年4月23日,天猫联手故宫召开新闻发布会,双方宣布将通过天猫独家首发一系列清代古方膳食。与此同时,故宫独家授权的"朕的心意"旗舰店入驻天猫,这也是继故宫博物馆文创旗舰店、故宫淘宝在线上"卖萌"后,故宫与天猫在食品领域的首次联手。

故宫食品与天猫开启合作,是一次将中华传统饮食习惯与年轻人网络消费紧密结合的尝试,通过天猫"朕的心意"旗舰店独家首发的食品包括"朕的心意"开口笑板栗、八珍粥、贵妃饼、一品芝麻烧饼、海错图饼干等多款古方创新食品。

故宫博物院史料中的珍贵古方,也是快消食品商家眼中的巨大商机。此次"朕的心意"旗舰店推出的一系列食品,由包括寿全斋在内的一批老字号承接研发、量产。

老字号在线下消费人群不够年轻,但在线上,正焕发勃勃生机。作为拥有200多年历史的品牌,寿全斋在姜这一细分品类的产品研发上一直走在行业前列,而拥抱天猫海量年轻用户,推动品牌年轻化是这些老字号的重要关注点。

总之,传统行业在激烈竞争中被迫面临转型升级、零售店跨界经营,这既是对市场需求的新思考,也是未来商业的大势所趋。在互联网时代,零售企业跨界混搭才能获得更加广阔的发展空间,才能将零售之路长久维持下去。

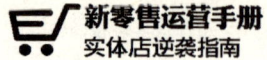

与社交软件跨界，玩转移动互联网

随着移动支付在线上线下的普及，出门不用带钱包，只需要把装有支付宝、微信APP的手机扫一扫就可以付款买东西。随着实体零售互联网化速度的加快，零售与互联网合作渐成趋势，传统零售商选择与移动支付平台合作，能够为企业的服务升级和O2O转型做热身。

线下很多大型零售超市都与微信、支付宝跨界合作，在一些商场中可以看到微信支付、支付宝支付等一些移动支付方式。这种跨界的方式不仅出现在北上广这些大城市，在二、三线城市中也越来越普及，甚至街上卖糖葫芦的小摊位都可以用微信或者支付宝支付。

第三方支付服务在移动互联网时代越来越重要，目前线下实体运用最广泛的支付方式是支付宝和微信支付。支付宝服务商与微信支付服务商不仅满足线上交易，并支持线下扫码支付、被扫支付等多种支付方式。尤其对于线下面对面的交易场景，微信与支付宝分别为商户们提供相应的优惠政策，例如满减优惠、随机立减、节日营销优惠等。

支付宝还直接对线下零售商推出了新电子会员卡体系建设。根据支付宝多年的大数据显示，商品销量的80%是来自于老用户。在新零售时代，支付宝开始为商家着重经营用户，进行用户深耕，通过两个层面打通电子会员卡。

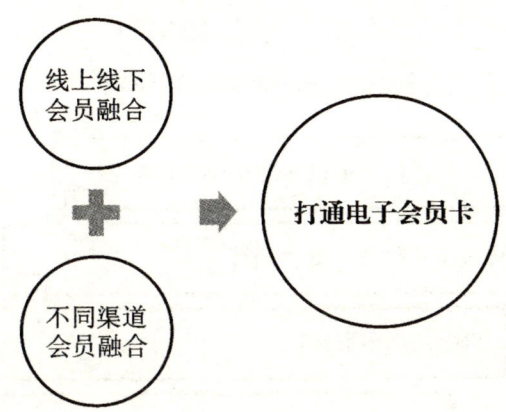

而微信平台给商场一个半开放的生态平台,在一个消费场景下聚集大量的因社交营销而感兴趣的消费者。微信支付通过微信公众号为商场提供了一个年轻化、形式多样的营销平台,将产品的更新、优惠,以及商场的非盈利活动定期针对用户群进行公众号或者朋友圈的推送与宣传。

面对互联网支付和传统支付巨头的争抢,传统零售商伸出了热情的双手。现在实体零售商对互联网不再排斥,而是纷纷与互联网融合,发力O2O线上引客。移动支付可以吸引更多的年轻顾客,提升收银效率。互联网巨头用户积累,还可以通过促销和导流,能给零售商带来更多销售额。

越来越多的超市、便利店正在接入支付宝钱包。商超巨头华润万家、家乐福已经与支付宝钱包达成合作。华润万家旗下的商超品牌将全线接入支付宝钱包,家乐福北京、上海、杭州的所有门店也已支持支付宝钱包付款。

华润万家在经营理念上一直敢为人先,其旗下品牌在移动创新、O2O运营上都可圈可点。以苏果为例,苏果2015年通过官方APP与实体店进行互动开展O2O运营,取得了良好效果。接入支付宝钱包,以彻底弥补实体店在移动支付上的短板,提升实体店购物体验。

华润万家与支付宝钱包的合作带来以下作用:

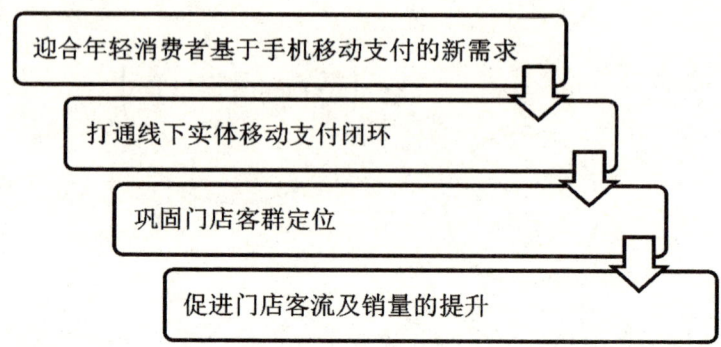

作为客单价最小的零售业态,便利店的零钱需求最大,也是最能体现移动支付便捷性优势的场景。支付宝与微信从便利店切入移动支付。喜士多与7-eleven很早就使用微信支付与支付宝支付,两种支付方式类似:店员扫描产品二维码,再扫描微信或支付宝付款码,不需输入密码迅速完成支付。

喜士多便利店一般是一个传统扫码枪加一个移动支付扫码枪,方便快捷、节省时间。微信支付完成的账单上可以选择公众号或便利店客服两种客服方式,同时还自动关注了喜士多的公众号。从公众号内容看,其主要是福利优惠等信息。

预付产品与交易服务公司InComm旗下的日本分公司将与中国互联网巨头腾讯公司FiT合作,未来InComm旗下的约5万家日本零售店将全部支持微信支付。

腾讯的微信平台目前拥有月活跃用户数量8亿多,日均成交额5亿元人民币,已经成为中国国内最受欢迎的移动支付工具。通过此次合作,InComm的POSA技术将使中国访日游客能够像在国内一样使用智能手机,通过扫描条形码为产品和服务买单,从而免去建立支付终端的麻烦。

微信支付与支付宝两大对手正在海外加速布局。支付宝方面，日本全境近1.3万家罗森便利店已全线接入支付宝。目前，包括无印良品、高岛屋、近铁百货、唐吉柯德、优衣库、大坂关西国际机场等，日本当地已有近2万个商户可以使用支付宝。

支付宝与微信足以满足"新零售"运营模式，而优惠政策则不仅能够为商家节省一定成本，而且可以协助商家提高线下的销售效果。越来越多的实体零售与移动社交软件合作，加速转型，促进零售企业快速发展。

开辟线上销售线，跨界双营销

传统行业与互联网行业跨界的一个变现形式是实行O2O模式。O2O模式如下所示：

这样的模式正在被人们接受和认可，也让传统零售企业打开了营销市场，赢得了新的用户。

打造属于自己的网上商城，建立网上销售线，线上线下同步运行，这样的跨界让零售业获得了双向营销渠道，提高了流量和利润。

优衣库从2008年开始探索线上营销策略，并且在几次营销事件中都取得了不错的效果。用时钟、日历引爆下载，增强线上推广：2008年，优衣库在博客上推出UNIQLOCK，这是一个将美女、音乐、舞蹈与优衣库当季主打服装结合起来的时钟。

这个时钟遵从了网络整合营销4I原则中的Interesting趣味原则：时钟上面有数字显示当前时间，每隔5秒就会进入一段随机出现的影片，影片中人物或在跳舞、或在上楼等，这些人物都穿着优衣库当季主打服装。

时钟可以作为插件下载安装到博客网站上，直接建立起受众与品牌之间的连接，这种方式也让受众"爱上"了看广告。

2009年，优衣库推出日历UNIQLO CALENDAR，这个日历将不同季节的映像、音乐和优衣库的服装画像三部分结合，可以放在博客页面进行欣赏，消费者可以根据日历了解优衣库当月售卖的服装及配件。

2012年，优衣库闹钟UNIQLO WAKE UP以APP的形式上线，上线约4周，下载就突破了50万次。这款能为消费者带来方便的应用，下载国家和地区达到196个，范围远远超过了优衣库实体店铺所覆盖的区域。

以时钟、日历等方式进行推广，优衣库创造了一种概念营销，UNIQLO品牌向消费者心智又"侵占"了一步。同时，这种营销方式还起到了推广优衣库自身产品的作用。

2013年，优衣库推出其官方手机应用UNIQLO APP。此款APP具有以下功能：

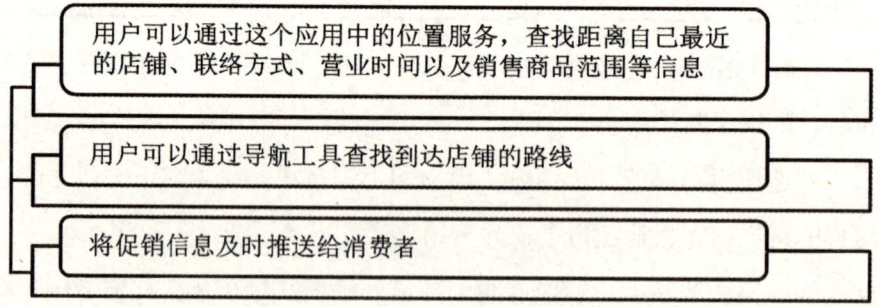

2016年，优衣库天猫官方旗舰店全品类开通门店自提服务，有效缩短了消费者等待物流配送的时间。提供全新改版的微信菜单，消费者可以获得最贴心的线上专属导购体验，通过微信菜单可以找到最新的优惠

信息、第一手的当季新品,体验线上互动、领取福利。

除此之外,优衣库的微信服务号还具有以下功能:

作为随身搭配宝典	随时随地直击潮流单品	查询实用穿搭
实现商品库存实时查询和线上购买	找到最近的门店	看到最潮最接地气的搭配买家秀

优衣库推出过一款基于SNS的社交小游戏,消费者在这款游戏中可以选择自己喜欢的卡通形象,去参加品牌促销的排队,排队过程中可能还会遇到自己的SNS好友,彼此的中奖信息会互相推送,从而增强互动性。排队中奖的基本奖项为该品牌的打折优惠券,消费者可以拿着优惠券到该品牌的门店去消费。

优衣库在2010年首先将这款排队游戏放到了Facebook和Twitter上,用户可以通过这两个网站的账号登录优衣库官网,排队领取优惠券。2011年,优衣库带着排队游戏进入中国内地。

这种排队抽奖的活动,如果单纯地开设在线下实体店内,对于已经麻木的用户来说,没有太多的影响力。而将其巧妙地与SNS结合起来,增强用户在网络上的互动,新颖的方式更具带动性。而让用户得到优惠券的方式,则可以提升线下实体店销售额。

优衣库借助线上当下最火热的平台,击中消费者兴趣点,引爆营销,推广品牌知名度的同时,为线下带去流量,提高销售额。线下实体店则通过优惠打折等"诱惑"推广其线上APP等工具,实现线下为线上导流。

这种线上销售线与线下零售店同步运行的方式,是很多零售店跨界线上互联网的经典方式。零售店在与互联网融合的同时，更好地涉水O2O，在为用户提供便利的同时，还能更快地获取利润、促进发展。

与时尚跨界，引领年轻零售品牌

如今，企业要想在互联网市场中获得更多的市场和更大的竞争力，不能只是在价格、促销上加大力度，如今的市场，不仅仅卖的是产品，更多的卖的是一种概念、一种价值，消费者追求的已不再只是产品的实用性，更多的是追求一种精神需求。

时尚概念是消费者特别是年轻消费者所追求的，零售业要找准跨界定位，与本身产品相融合，用时尚的概念引领年轻零售品牌。

今年2月在伦敦时装周上惊艳亮相的真皮榴莲包深受年轻人的喜爱，而这榴莲包的灵感来源于在全国近1700家必胜客餐厅火热售卖的"榴莲系列比萨"。

真皮榴莲系列手包共有以下三款：

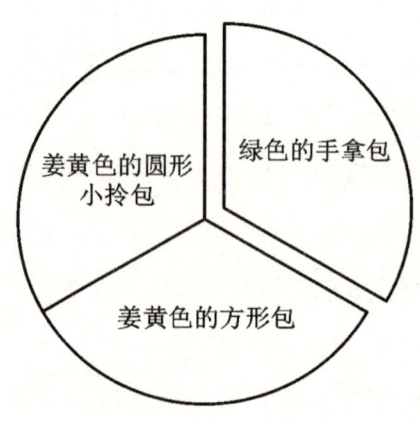

姜黄色的圆形小拎包，像笔记本一样可以开合；绿色的手拿包用铆钉的排列，创意出一幅"被切开比萨"的画面；姜黄色的方形手包，一条印着"durianpizza（榴莲比萨）"的长拉链将一块半圆形的比萨一分为二。

榴莲包特别表现了"双拼"的概念，圆形小拎包用开合的方式将包分割成两个半圆形，像两块"拼接"的比萨。用拉链将半块比萨再做切割，一半用锥形铆钉代表榴莲，一半饰以或方或圆的小零件，代表"别的比萨"。这样新颖的呈现、个性的拼接，在伦敦时装周上收获了众多好评。

在伦敦时装周上亮相的榴莲包赚足了眼球，而那些出现在拉链上、手包封面上的醒目的"小红帽"更让时尚达人们记住了一个新的时尚ICON：必胜客。

很多人纳闷，在餐饮界做得风生水起的必胜客，居然跻身了时尚界？其实，这并不是必胜客第一次跨界时尚圈。

在2016年10月举办的2017春夏上海时装周上，必胜客携手设计师品牌"WHERE WHAT WHO"推出一场以"Shareor Nothing"为主题的时尚秀。

时尚秀上展示设计着Pizza造型、心型及海报图案的10款高定成人服装T恤和5款儿童T恤都让人眼前一亮，而红黑搭配、线条鲜明的简约手拿包用鲜艳的"必胜客红色礼帽"作为独特标志，一跃成为当季的时尚爆款，被称为"必胜包"。

2016年8月，必胜客还联合B.duck发布了一台可爱萌的"比萨潮衣秀"，邀请国民美少女SNH48当选"潮比萨体验官"，大秀潮鸭舞。

2017年，必胜客牵手施华洛世奇，用2.6万颗施华洛世奇元素打造了"BlingBling版"超级至尊比萨,还在餐厅售卖"水晶披萨"手链。

必胜客跨界时尚的目的主要是为了令品牌更加年轻化,吸引更多的年轻消费者。2016年5月,必胜客将品牌Slogan升级为"Love to share",是为了适应90后消费升级的趋势,"希望必胜客能受到更多年轻、时尚消费者的关注和喜爱"。

零售时尚跨界中,跨界的过程可以看做以下两种形式:

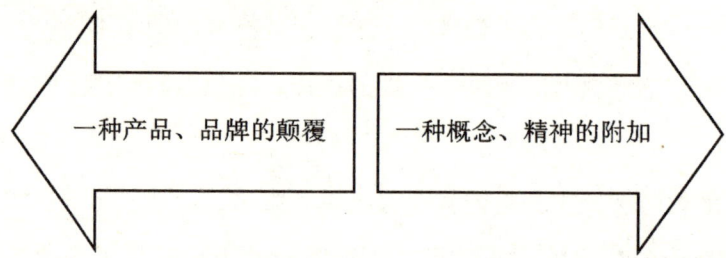

现在的消费者大多是年轻消费者群体,他们更容易接受互联网思维、互联网方式,他们喜欢"潮"的时尚的东西。因此时尚化和潮流的内涵概念是零售企业需要融入的,也是提高竞争力的关键。

零售与娱乐时尚达人跨界

众所周知,在时尚界引领风向的往往是那些达人、明星,他们的举止、言行、穿着都是时尚风向的标杆。零售与娱乐时尚达人的跨界,具有以下作用:

诗凡黎以俏皮、帅气、清新的时尚理念，赋予每件衣服灵魂。2012年刘诗诗倾情演绎诗凡黎时尚大片。2013年诗凡黎入驻天猫，同年参加"双十一"狂欢节。

2014年8月诗凡黎参加东方卫视"女神的新衣"第1季，奋拼女神尚雯婕、率真女神张馨予、优雅女神黄奕分别演绎诗凡黎百变STYLE。2015年诗凡黎携手明星姐妹花BY2，结合当下潮流趋势，为诗凡黎打造青春时尚大片。

2016年4月，诗凡黎牵手电影《谁的青春不迷茫》，电影发布会携手走秀，明星同款在天猫直播边看边买，青芒班艺人演绎诗凡黎的别样青春形象大片。

2016年7月，诗凡黎联合海马体摄影，新锐跨界，以爱之名征集爱情故事，众多网友和粉丝参与。10月，超模何穗担任品牌首席时尚官，演绎集团16周年庆"宠爱时时"主题形象大片，分享时尚和宠爱的美丽时刻。

诗凡黎是一个年轻且活力十足的新晋实力少淑女品牌，用简约时髦的穿搭诠释自己的年轻与个性，赋予每件衣服以灵魂，针对18~28岁女性的需求，对90后新生客群的特点及心态有独到的理解。

诗凡黎2010年进入电商领域，强势攻占女装类别排行榜，2016年天猫"双十一"破1.5亿元。

其品牌推出的"小诗妹"人物形象，个性时尚，有梦想，敢创新，立志把不可能变成可能，是每个90后的真实写照。

2016年，诗凡黎与《愤怒的小鸟》合作设计形象服装。该合作不仅在服装设计上牢牢抓住了90后的需求，在视觉形象方面更是与90后消费者产生了共鸣。除此之外，该合作系列也将一改品牌往日少女清新甜美风，用简单的T恤搭配俏皮短裤和时髦的背带裙、裤，以最轻松的方式表达90后消费者的时尚态度。诗凡黎还邀请了11位当红90后时尚博主为《愤怒的小鸟》系列试穿，多维度演绎青春"小诗妹"形象，吸引了一大批年轻消费者的眼球。

零售与娱乐时尚达人的跨界，拓宽了零售的销路，提高了销售量和竞争力，赢得了更多年轻消费者的心。零售商应该从中学习，从而寻求更多的市场和利润。

跨界给消费者带来创意体验

零售店想要吸引消费者的目光，获得消费者的认可和关注，离不开创意。有创意的零售跨界具有以下作用：

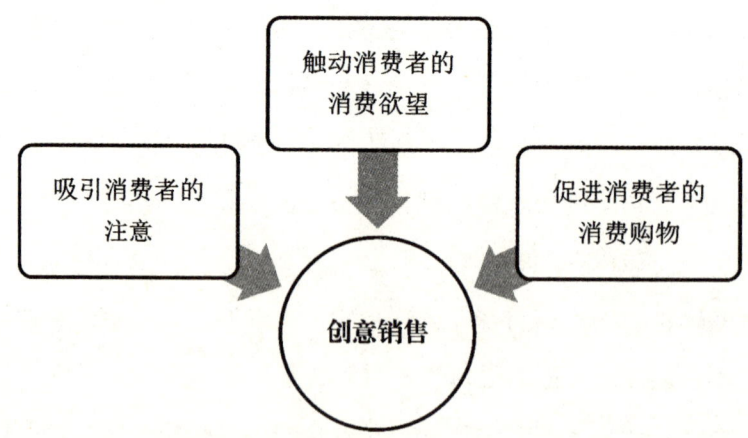

随着商业的不断发展，消费者对购物中心的需求也不再局限于传统的购物，而是越来越关注文化、艺术的精神体验。朝阳大悦城作为中

粮"大悦城"体系的商业旗舰项目，在商业与文化的联姻上重探索、求创新，多次策展了频获消费者认可与行业赞誉的系列文化创意活动。

朝阳大悦城坚持大悦城母品牌"年轻、时尚、潮流、品位"的定位，聚焦25~35岁的新兴中产及年轻家庭，核心客群的审美情趣、生活品位、文化体验需求等都是朝阳大悦城开展文化营销的出发点和最终归宿。

朝阳大悦城自开业以来策划了多场大型文化主题展，首次将科普文化引入购物中心的"北京古动物馆恐龙展""北京天文馆星空展"，与国际大型动漫游戏品牌合作的"哆啦A梦诞生前100年特展""几米异想之旅"等，将商场与艺术相结合，汇聚了各类艺术的魅力。

2013年10月，朝阳大悦城在一层展厅开设"猪小哼的幸福生活"的都市农场展览，首次全景呈现生态农场景观：风车、水井、磨坊、稻草人、老式烟囱、铁皮信筒、菜田，贴近自然，原生态田园气息浓厚。

作为农场的主人，一群天然呆、自然萌的"猪小哼"率领着兔小妹及仓小鼠等众多"小伙伴"每天一澡、吃饱喝足，享受着专属于他们的幸福生活。这些朝阳大悦城新来的小客人们，一经亮相便引起了巨大轰动，大小朋友们都争相以镜头来记录"猪小哼和小伙伴们的幸福生活"。

朝阳大悦城把农场搬进商场，孩子们可以贴近自然地嗅闻泥土的芬芳，近距离观察动植物生长，期间小朋友们还可以参与农场丰富多彩的互动活动，体验当农场小帮手的欢乐。

成人顾客在逛商场吃喝玩乐之余可以和"猪小哼"合影、亲密接触。活动免费对公众开放，消费者还可以通过朝阳大悦城官方微博、微信参与互动，关注"猪小哼"的幸福生活，晒精彩照片，赢惊喜奖品。

"购物中心+生态农场"的创意组合带来如下几个作用：

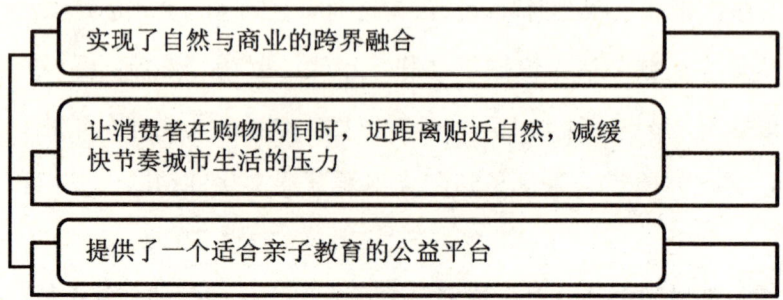

- 实现了自然与商业的跨界融合
- 让消费者在购物的同时，近距离贴近自然，减缓快节奏城市生活的压力
- 提供了一个适合亲子教育的公益平台

朝阳大悦城将文化、自然与时尚生活进行有机的组合，让人们通过感官欣赏和亲身体验来亲近自然，增强环保的理念和自由的生活态度。

跨界、多元的创意营销，新奇个性的购物体验，赢得了众多消费者的欢迎和响应，朝阳大悦城独特的市场辨识度和品牌忠诚度得到了很大提高。

在实体零售业纷纷主打体验牌之时，购物、餐饮加娱乐的业态组合已经成为购物中心甚至百货商场的一般配置，而推广方式的推陈出新、消费体验的跨界组合、文化与商业的创意联姻，正逐渐成为零售企业打造独特竞争力、培养细分客群忠诚度的重要手段。

作为行业先行者的朝阳大悦城推进文化体验活动，挖掘出更多活动的新兴奋点，将创意营销进行到底，真正打造出了消费者的第三生活空间。